ANKE NECKAR

# MUTTERSEELEN *gemeinsam*

23 ½ EHRLICHE MAMA-MOMENTE
VON EINER, DIE IM SELBEN BOOT SITZT …
UND CHIPS & SCHOKOLADE DABEIHAT

Anke Neckar

# MUTTER SEELEN *gemeinsam*

23 ½ EHRLICHE MAMA-MOMENTE
VON EINER, DIE IM SELBEN BOOT SITZT …
UND CHIPS & SCHOKOLADE DABEIHAT

Bildrechte Autorinnenfoto: Fee Schreiber
Umschlaggestaltung: Minitta Kandlbauer



Der Verlag und seine Autoren sind für Reaktionen, Hinweise oder Meinungen dankbar. Bitte wenden Sie sich diesbezüglich an verlag@goldegg-verlag.com.

Der Goldegg Verlag achtet bei seinen Büchern und Magazinen auf nachhaltiges Produzieren. Goldegg Bücher sind umweltfreundlich produziert und orientieren sich in Materialien, Herstellungsorten, Arbeitsbedingungen und Produktionsformen an den Bedürfnissen von Gesellschaft und Umwelt.

ISBN: 978-3-99060-415-1


Unter den Linden 21 • D-10117 Berlin
Telefon: +49 800 505 43 76-0

Goldegg Verlag GmbH, Österreich
Mommsengasse 4/2 • A-1040 Wien
Telefon: +43 1 505 43 76-0

E-Mail: office@goldegg-verlag.com
www.goldegg-verlag.com

Layout, Satz und Herstellung: Goldegg Verlag GmbH, Wien
Printed in the EU

*Für meinen Mann und unsere beiden Kinder – die drei Menschen, die mich auf das größte und von mir am innigsten erträumte Abenteuer geschickt haben: die Mutterschaft. Zugegeben, sie ist nicht nur rosarot, aber definitiv ein echtes Abenteuer. Und ich bin so verdammt dankbar, dass ich es erleben darf!*

# INHALTSVERZEICHNIS

# VORWORT

Wie oft hast du als Mutter schon gedacht: »Oh Mann, so habe ich mir das aber nicht vorgestellt!« Oder vielleicht: »Warum hat eigentlich niemand vorher gesagt, wie es wirklich ist?« Oder auch: »Werde ich womöglich als schlechte oder unfähige Mutter abgestempelt, wenn ich mal NICHT sage, dass alles supereasy läuft, sondern ehrlich von meinem alltäglichen Struggle erzähle?«

Ich lehne mich jetzt mal weit aus dem Fenster und behaupte: Diese Gedanken hatten wir Mütter alle schon. Die einen mehr, die anderen weniger, aber irgendwas in dieser Richtung ist uns dennoch bereits allen mindestens einmal … ach, seien wir ehrlich … mehrfach durchs Hirn geflattert. Und weißt du was? Das ist total normal, auch wenn es sich unangenehm anfühlt. Gerade weil es gleichzeitig für die meisten von uns genauso normal ist, im Gespräch mit anderen (Müttern) erst mal hauptsächlich Positives über die eigenen Erfahrungen im Rahmen der Mutterschaft zu erzählen. Das Bedürfnis (besonders bei Erstkontakten oder Begegnungen mit »Bekannten«), ein angenehmes und bestenfalls problemfreies Bild von uns und unserer aktuellen Situation zu zeichnen, ist so stark in uns wie die Macht in Luke Skywalker. Auch das ist okay. So machen wir das halt in unserer Gesellschaft. So haben wir das gelernt; so sind wir sozialisiert. So ziemlich immer glimmt in uns die Sorge, dass wir schwach oder unzulänglich wirken könnten, wenn wir offen vor anderen, die sich in einer ähnlichen Situation wie der unseren befinden, zugeben, dass wir etwas nicht zu 100 % hervorragend hinkriegen oder genießen. Schnell umweht uns dann so ein Anflug von Scham, hören wir in unserem Kopf doch flott diese kleine Stimme hauchen: »Die anderen Mütter scheinen die Nummer einfach zu rocken! DIE straucheln offenbar nicht oder zumindest deutlich weniger!« Zack: Wir schämen uns … für all das, was wir vermeintlich schlechter hinbekommen als »die anderen«. Und wir schweigen, weil wir ja ein Bild aufrechterhalten müssen. Zumindest glauben wir das. Fast instinktiv.

Was wir bei diesem Gedankengang und dem daraus resultierenden Verhalten schnell mal übersehen, ist Folgendes: »Die anderen« machen es möglicherweise (ziemlich sicher sogar) genauso wie wir! Auch sie halten ein Bild aufrecht, weil auch sie es so gelernt haben. Auch sie erzählen nicht einfach überall und jedem, was bei ihnen nicht gut läuft.

Was völlig okay und maximal nachvollziehbar ist! Wer läuft schon durch die Weltgeschichte und hält dabei ein Schild hoch, auf dem steht, was man gerade verkackt und was einen stresst bzw. unglücklich macht? Niemand! Weder allgemein gesprochen noch auf die sich in der Mutti-Dimension lebenden Menschen bezogen. Das führt zu dem Schluss, dass man schlicht krass mies in dem ist, was man eigentlich draufhaben sollte und wollte.

In Sachen Mutterschaft wirft das allerdings die Problematik auf, dass in uns und auch um uns herum ein Bild von Mutterschaft existiert, das mit der Realität oft nicht so recht vereinbar ist. Die komplette Mutti-Dimension scheint in rosarotes Licht getaucht zu sein, was zwar alles hübsch aussehen lässt, aber gleichzeitig Maßstäbe setzt, denen wir Mamis eigentlich nicht gerecht werden können. Fiktive Maßstäbe sozusagen, weil sie nur darauf basieren, was die Gesellschaft und wir selbst an schönen Bildern »zeichnen«, um keine Schwächen zu zeigen. Die daraus wachsenden und an uns gestellten

Erwartungen können wir unmöglich erfüllen. Aber viele von uns versuchen es. Immer weiter.

Mich persönlich hat das in den ersten zwei Jahren als Mutter fertiggemacht. Ich habe extrem schräge Gespräche mit anderen Mamis geführt, war sehr einsam und hatte durchgehend das Gefühl, der Elternnummer nicht gewachsen zu sein. Und das, obwohl ich mir zeit meines Lebens nichts mehr gewünscht habe, als endlich Kinder zu haben. Ich habe mich megagut vorbereitet gefühlt ... und dann traf mich meine neue Realität wie ein Hammer. Ganz ehrlich: Das war echt eine Scheißzeit!

Doch dann habe ich etwas – sozusagen im jahrelangen Selbsttest – gelernt. Im *real life* und auch online. Wenn man selbst den Mut findet, vom »Schönzeichnen« abzuweichen, und stattdessen einfach Tacheles redet ... zum Beispiel erzählt, dass der Nachwuchs weder so toll schläft, noch so abwechslungsreich isst wie (angeblich) all die anderen Kinder und dass auch all die fulminanten Pädagogiktipps aus Elternratgebern sowie dem Munde der stadtbekannten (selbst ernannten) Super-Mum schlicht für die Tonne waren, dann werden auch »die anderen« plötzlich loslassen. Sie werden den Drang loslassen, nur Positives zu berichten, und nachziehen mit Geschichten über aus dem Fenster geworfene Hausaufgaben, eigene Tränen wegen gefühlter Mutti-Inkompetenz und Verpeiltheit *like hell*, weil wir alle so unfassbar müde sind, dass wir manchmal nicht mehr so genau wissen, ob wir heute schon auf dem Klo waren oder nicht.

Und weil ich das so schön und so erlösend finde, mache ich das jetzt in Buchform.

Ganz wichtig: Es geht mir nicht darum, der Mutterschaft hiermit alles Wundervolle abzuerkennen. Auf keinen Fall! Ich möchte sie nur etwas in die Realität schubsen. Ich würde gern eine Tür öffnen zu einem ehrlicheren Umgang mit dem Thema – für uns als Einzelpersonen, aber auch als Mama-

Gemeinschaft. Ich wünsche mir, dass wir keine Angst mehr davor haben müssen, uns einen blöden Stempel einzufangen, nur weil wir laut sagen, dass wir zum Beispiel das ganze Kinder-Abendritual schlichtweg hassen. Oder dass wir manchmal von einer Mutter-Kind-Kur OHNE Kind träumen, weil wir so fertig sind von dem, was zu unserem Alltag geworden ist.

In diesem Buch findest du ein paar Wahrheiten zu Momenten und Situationen, die wahrscheinlich die meisten Mütter kennen, schon erlebt haben oder noch erleben werden. Es handelt sich wohlgemerkt um meine ganz individuellen Wahrheiten, die ich in dieser Form auch meiner Freundin erzählen würde. Und wie es natürlich ganz bei meiner Freundin liegt, ob sie irgendwas für sich aus meinen Erzählungen ziehen mag oder kann, so liegt es auch bei dir, liebe Leserin! Darum geht es für mich eigentlich gar nicht. Mir geht es darum, etwas mit dir zu teilen. Erfahrungen, Ideen, Learnings, Missgeschicke, Perspektiven … komplette Aussetzer! Wie bei einem (aufgeschriebenen) Kaffeeklatsch, bei dem wir beide verschiedene Themen anschneiden. Über einige werden wir gemeinsam lachen, bei anderen werden wir weinen und bei wieder anderen bekommen wir beide ein bisschen Puls.

Und genau darum geht's mir: Nämlich, dass wir das zusammen machen und fühlen. Ich wünsche mir, dass wir Mütter mehr ein WIR und weniger ein ICH und DU werden. Damit wir uns nicht mehr so oft mit etwas mutterseelenallein fühlen, sondern mutterseelengemeinsam.

# PÜNKTLICH UND SPONTAN – WAR ICH FRÜHER MAL

## Was mein Vor-Mama-Ich für Pläne hatte

Okay, ich sag's mal, wie es ist: Ich bin ein Monk. So ein ganz klassischer Monk. Ich LIEBE Regeln, ich liebe es, Dinge immer exakt gleich zu machen, ich hasse Unpünktlichkeit und selbst spontan bin ich extrem gut vorbereitet. Immer! Echt, ich schwöre! Ich war und bin so eine Art weiblicher MacGyver. Aus diesem Grund war es mir natürlich wichtig, davon als Mama nichts einzubüßen. Ich fand es selbst zum Naserümpfen, wenn Mütter in meinem Umfeld plötzlich nichts mehr auf die Kette bekamen und nur noch »*round about*«-Zeiten einhalten konnten. Wenn überhaupt. Ich dachte: Wie schwer kann's sein? Man packt halt die Tasche, schnappt das Kind und los geht's! Wie lange etwas dauert, muss man eben gut einschätzen können, weil es doch immer gleich abläuft. Und machen wir uns nichts vor: So ein Baby oder Kleinkind ist doch nun mal echt kein Hexenwerk. Noch dazu sagt halt die MUTTER an, wann es wo langgeht, ... nicht der Nachwuchs. Das ist reine Erziehungssache. Darum muss man sich kümmern, konsequent sein und bleiben und dann läuft die Nummer. Pünktlichkeit sollte kein Problem sein und Spontaneität ebenfalls möglich. Zumindest bis zur Bettgehzeit des Nachwuchses.

Dass man danach vielleicht nicht immer sofort alles stehen und liegen lassen kann, um mal eben noch mit 'ner Freundin, die gerade in der Nähe ist, ein Glas Wein trinken zu gehen, war mir damals durchaus bewusst. Darüber hinaus sah ich aber absolut null Schwierigkeiten auf mich zukommen. Tja. So kann man sich irren!

## Wie mein Mama-Ich nun lebt

Ich möchte an dieser Stelle gern mal ein paar ... wie soll ich sagen? ... »Pünktlichkeits- und Spontaneitätsbarrieren« aufzählen, die ich als Noch-nicht-Mama einfach null auf dem Schirm hatte, als mittlerweile schon Über-Zehn-Jahre-Mama aber natürlich alle und in unterschiedlichsten Ausführungen erlebt habe:

- Plötzlich sehr dringend benötigte Spielzeuge suchen müssen, die aber gerade leider nicht auffindbar sind.
- Eine eingepackte Trinkflasche in FALSCHER Farbe!
- Kacka machen. Sehr lange. Das Kind, nicht die Mama.
- Das eine Kind ist gemein zum anderen Kind! Alles heult.
- Das andere Kind ist gemein zum einen Kind! Alles heult.
- Die Nein-Phase.
- Bleierne Müdigkeit (bei Mama).
- Tobsuchtsanfall wegen ... (hier einfach irgendwas völlig Haarsträubendes einsetzen – es passt schlicht alles!).
- Hohes Fieber aus dem Nichts.
- Schwallartiges Kotzen aus dem Nichts.
- Über Nacht sind die Kinderfüße 1,5 Nummern

gewachsen, was einen spontanen Schuhkauf zur Priorität macht.

- Bleierne Müdigkeit (bei Mama) – so ein wichtiger Punkt muss zweimal auf die Liste. Mindestens!
- Plötzlich mehr Rotze, Auswurf und Kotze auf der Kleidung als ignorierbar (bei Mama).
- Krasses Genervtsein (bei Mama).
- Die Hausschlüssel sind weg. Nein, nicht weg, aber im Klo.
- Es ist draußen wärmer oder kälter als gedacht, was ein Umkehren und Umziehen zur Folge hat.
- Auf halber Strecke geht ein besonderer Stein verloren … in einem Kiesbett … und muss gesucht werden.
- Das Kind hat ein Laufrad dabei.
- Das Kind hat kein Laufrad dabei.

Hach, ich könnte die Liste immer weiterführen und du wahrscheinlich auch. Das Ding ist: Als Mama pünktlich sein zu wollen oder sogar spontan, wird irgendwann wieder möglich, aber die ersten paar Jahre kann auf dem Weg zum Ziel wirklich krass viel schiefgehen. So viel, das kann man sich gar nicht ausdenken! Und man glaubt es auch erst, wenn man selbst bis zum Hals in irgendeiner völlig absurden Situation steckt und der Verabredung (mal wieder) eine WhatsApp mit den Worten »Ich komme später!« oder »Ey, sorry, aber ich habe einfach keinen Bock mehr auf den Tag … ich gebe auf!« schreibt. Natürlich gibt es Ausnahmen (habe ich gehört), aber ich gehöre nicht zu den Glücklichen, die sie erlebt haben. 😉

## Muss man das einfach hinnehmen?

Hinnehmen klingt immer wie aufgeben, deshalb mag ich das Wort nicht besonders. Alternativ schlage ich vor: Man sollte flexibler werden als Mama. Und zwar ausnahmslos in jedem Punkt; auch in Sachen Pünktlichkeit. Ich liebe Pünktlichkeit. Ehrlich! Aber das hat mich irgendwann nur noch gestresst. Es ging einfach lange Zeit nicht. Ich habe alles gegeben, ich selbst lag top in der Zeit, hatte alles gepackt und im Griff … und dann hat halt ein Kind in die noch nicht geschlossene Tasche gekotzt, sich versteckt, wegen irgendwas geweint, keinen Bock mehr gehabt oder noch stillen, trinken, essen müssen. Oder was auch immer! Es hat mich sooo fertiggemacht, immer 5 Minuten (oder 20) zu spät zu kommen, weil ich das bei anderen absolut nicht leiden kann. Aber meinem Nachwuchs war's egal, und in Kombi mit besagtem Nachwuchs war's dann für mich jahrelang schier unmöglich.

Meine Lösung: Ich habe durchgeatmet und es akzeptiert. Ich habe mich nur noch mit Menschen verabredet, die entweder ähnlich (arm) dran waren oder mich lieb genug hatten und haben, dass sie darüber hinwegsehen konnten. Und das tun die meisten. Warum? Weil fast alle Mamis das Problem kennen und weil ich zumindest dann immer spontan und pünktlich bin, wenn die Hütte brennt und mich eine Freundin **JETZT SOFORT** braucht. Solange **DAS** klappt, solange im Notfall alles funktioniert, solange ist alles okay.

## FAZIT

Ich finde Pünktlichkeit immer noch wichtig und ich strebe danach, irgendwann wieder pünktlich zu sein. Spontan bin ich, wenn es heißt: Der Mann kann die Kids übernehmen; ich habe einfach mal »frei«. Ey, dann bin ich so spontan weg … so schnell kannst du gar nicht gucken!

# ARZTBESUCHE MIT KINDERN – NIX FÜR SCHWACHE NERVEN!

## Wie ich dachte, dass Besuche mit Kindern bei Ärzten ablaufen würden

Dass Arztbesuche fürs Kind nicht zwingend ein Zuckerschlecken sein würden, war mir durchaus bewusst – lange, bevor ich selbst Mama war. Aus eigener, schlechter Erfahrung als Kind und als Freundin von Frauen, die vor mir Kinder bekommen hatten. Mir war klar, dass die intensive Bindung zwischen Mama und Baby bzw. Kind dazu führen würde, dass ich potenziellen körperlichen Schmerz und Ängste sicher mitfühlen würde. Und ich ahnte, dass mir nicht alle Kinderärzte und Kinderärztinnen sowie deren individuelle Art, mit kleinen Patienten umzugehen, persönlich zusagen würden. Fakt ist schließlich (auch wenn es vielleicht von Einzelpersonen anders gesehen wird): Ärzte sind nur normale Menschen, sie haben gute und schlechte Tage, Launen und Präferenzen und sie sind nicht allwissend. On top bilden sich nicht alle ständig fort, aus welchen Gründen auch immer, und es ist daher durchaus ratsam, selbst mitzudenken, zu hinterfragen und bei Problemen mal eine zweite Meinung einzuholen. Dennoch war (und bin) ich ein großer Freund der Schulmedizin in allen Bereichen und war mir früher hundertprozentig sicher, dass die ausübenden Fachkräfte und unser Gesundheitssystem insgesamt Kindern gegenüber definitiv wohlgesinnt und stets bemüht wären, alles nur erdenklich Mögliche für sie zu tun … asap, versteht sich!

## Wie es TATSÄCHLICH lief & läuft

Kennst du das, wenn Kinder ihre Geschichten erzählen und immer gleich beginnen, nämlich mit »Also einmal …«? So würde ich es jetzt auch am liebsten machen, weil ich echt aussortieren muss, um hier nur die Top-Erfahrungen zu »droppen«. Die Auswahl fällt schwer, weil ich schon ein recht großes Repertoire zur Verfügung habe und emotional doch sehr involviert bin, wenn es um die Kids geht. Nicht nur wegen der Krankheiten selbst, damit hatte ich gerechnet, sondern auch wegen des Drumherums. Damit, dass es einem oft als Mama so schwer gemacht wird, habe ich nämlich nicht gerechnet.

### Kinderarzt

Wir wohnen in der Kölner Innenstadt, und um uns herum gibt es unzählige Kinderarzt-Praxen, allerdings nur für privat versicherte Menschen. Ich habe gefühlt ewig nach einer Praxis gesucht, die unser schnödes Kassenpatientenbaby aufnahm, und wäre vor Dankbarkeit damals fast zerflossen. Schließlich dachte ich tagelang, dass ich höchstselbst die U-Untersuchungen beim Töchterchen absolvieren müsste. Aber ich fand schließlich ein Plätzchen, und meistens waren und sind wir da auch zufrieden. Allerdings fand ich es immer schon grenzwertig, dass zumindest unsere Kinderärzte gern in Bereichen »beraten« haben, in denen sie keine oder keine aktuelle Ahnung hatten. Beim Thema Stillen zum Beispiel gab's richtige Falschinformationen, die mich jetzt nicht aus der Ruhe brachten, weil ich tolle Fachfrauen an der Hand hatte, aber für Mütter ohne ein solches Netzwerk verunsichernd sein könnten. Dass so was passiert, und das ist gar nicht so selten, finde ich schade. Klar, nicht alle Ärzte und Ärztinnen haben die zeitlichen oder finanziellen Kapazitäten, sich in sämtlichen relevanten Themen regelmäßige Updates zu holen … absolut nachvollziehbar! Es wäre dann halt cool, wenn man einfach an andere aus der Kollegenschaft verweisen könnte, anstelle mit alten Info-Schinken frischgebackene Mütter zu verunsichern. Ich könnte jetzt noch ein paar Storys auf den Tisch klatschen, die mich krass geärgert haben, allerdings würde das die Privatsphäre meiner Kinder verletzen. Deshalb lasse ich es und beschränke mich auf Folgendes: Wenn dein Mama-Bauchgefühl dir sagt, der Mensch im weißen Kittel hat unrecht, dann hol dir eine zweite Meinung. Das Mama-Bauchgefühl ist eine Stimme, die wir nicht ignorieren sollten. Das hat mir übrigens eine wundervolle Kinderärztin gesagt, die ich mal in der Kinder-Notfallpraxis einer Uniklinik kennengelernt und dann als Freundin behalten habe! 😂

## Kinder-Notfallpraxis

Also grundsätzlich will dort natürlich echt niemand hin. Denn die Kinder-Notfallpraxis zu brauchen ist an sich schon der Super-GAU, weil das heißt: Dein Kind ist (nach Praxisschließung oder – auch sehr beliebt – am Wochenende) so krank geworden, dass du nicht auf den nächsten Morgen oder Tag warten kannst, dass sofort gehandelt werden muss, du komplett ratlos bist und dein Häschen heftig leidet. So, und dann ist es dort voll. Das Wartezimmer platzt meist aus allen Nähten, weil wenn der Wurm drin ist, dann aber richtig. Du sitzt da also höchstwahrscheinlich mit einem doll kranken Kind im Arm, selbst krass übermüdet und sehr besorgt, zwischen wirklich vielen anderen Eltern mit Kindern, denen es genauso wie dir geht, die aber wahrscheinlich andere Erreger dabei haben, sodass du nicht nur die sofort vom Personal mitgeteilte lange Wartezeit gewonnen hast, sondern auch die fulminante Chance, dir direkt eine neue Infektion on top zu eurer eigenen abzuholen. Oh Mann, ich liebe alles an diesen Situationen, die wir gerade in den ersten Jahren mit der Mausemaus zuhauf erlebt haben. Das einzig Lustige daran war, dass – solange wir kein zweites Kind hatten – mein Mann mitkommen konnte. Wir saßen also zu zweit im Virenkessel der Notfallpraxis, wir ließen uns zu zweit anranzen, von den stetig überarbeiteten Pflegekräften, wir hielten zu zweit das Händchen unserer Tochter und ich kam jedes Mal in den Genuss, meinem Mann dabei zuzusehen, wie er versuchte, sich nichts Neues einzufangen.

Ich weiß ja nicht, wie es dir geht, aber meiner Erfahrung nach härtet man als Mutter ziemlich flott ab, sodass ich nach mehr als 24 Stunden Kontakt mit meinem eigenen fiebernden, weinenden oder kotzenden Kind immer in diesem Zustand der absoluten Gleichgültigkeit ankam, was meine persönliche »Gefahr« anging, mich zu infizieren. Was auch immer es war, was der Nachwuchs aus der Kita mitgebracht hatte, für mich war nach der ersten Nacht der Drops eigentlich schon gelutscht. Entweder mein Immunsystem schaffte es oder eben nicht. Ich war *fine* damit, weil ich es ohnehin nicht ändern konnte. Mein Mann hingegen war immer und bis zum Schluss so süß voller Hoffnung und Furcht! Im Wartezimmer der Kinder-Notfallpraxis steigerte sich das exponentiell, und er lief die ganze Zeit mit durchgehend frisch desinfizierten und hocherhobenen Händen herum, als würde er jetzt gleich als Arzt in den OP gerufen. Es war zum Schießen und erheiterte auch immer die anderen müden Mütter, die sich wie ich längst ihrem Schicksal ergeben hatten. Hach, es war schon witzig. Ich bin ihm immer noch dankbar dafür, auch wenn er schon lang nicht mehr mitfährt, wenn ich ein Kind hinbringen muss. Es sei ihm verziehen. 😉

### Kinder-Zahnarzt

Fachärzte sind immer ein äußerst schwieriges Thema. So ganz allgemein. Viele von denen mit Spezialgebiet sind irgendwie ... speziell. Worüber wir natürlich alle hinwegsehen, weil es längst einem Sechser im Lotto gleichkommt, wenn man überhaupt einen Facharzttermin bekommt. Unter sechs Monaten Wartezeit. Eine Ausnahme sind (zumindest in meinem »Lebensraum« Großstadt) die Zahnärzte. Sie haben zwar auch einen Fachstatus, trotzdem gibt es da flotte Termine, und viele legen den Fokus auf Kinder, was ich erst mal hervorragend finde, denn Zahngesundheit ist KRASS wichtig! Allerdings bin ich bei diesem Thema sozusagen wund. Ich bin so, so positiv reingestartet, weil ich selbst extrem lang unter einer schlimmen Zahnarztangst gelitten habe und das auf keinen Fall für meine Kinder wollte. Zahnpflege und regelmäßige Kontrollen waren und sind mir megawichtig! Dumm nur, dass wir dennoch bereits eine lange Geschichte in Sachen Kinder-Zahnärzte haben, denn beide Kinder haben zu tiefe Fissuren in den Milchzähnen, die man unmöglich sauber halten konnte, was aber bei der Tochter viel zu spät erkannt wurde. Da war der Milchzahn schon in den Brunnen gefallen und sie benötigte eine aufwendige Zahn-OP, vor der ich mir locker fünf Praxen angesehen habe. ÜBERALL wurde ich sofort als Mutter verurteilt! Ich wurde extrem unhöflich behandelt, denn offenbar, so dachten alle, putzte ich meinem Kind mit Nutella die Zähne! Es war extrem belastend für mich und natürlich auch für die Kleine, denn wir suchten ziemlich lange nach einer Zahnärztin, die erst mal genau guckte. Wir fanden sie, allerdings startete sie mit dem gleichen Urteil. Erst, als sie sich mal die Zähne des kleinen Bruders ansah, die noch top waren, erkannte sie viel zu tiefe Fissuren. Und erklärte, dass genau das sicher auch bei meiner Tochter der Fall gewesen wäre, man es jetzt aber aufgrund der Zahn-Gesamtsituation nicht mehr sehen könne. »Sie hatten nie eine Chance«, sagte sie und nahm mir damit eine so enorme Belastung von den Schultern, dass ich direkt losheulte. Dennoch muss ich noch mal betonen, wie schlimm es ist, dass vor allem Mütter – meiner Erfahrung nach – von Kinder-Zahnärzten so blitzschnell verurteilt werden, als wären wir alle personifizierte Gewaltverbrecherinnen, die ihren Kindern mutwillig die Zähne mit Saftschorlen zerstören wollen. Gemein. Einfach nur gemein und unnötig!

## Tipps zu Arztbesuchen mit Kindern?

Ja. Einen. Lass dich nicht ins Bockshorn jagen! Wenn ein Mediziner oder eine Medizinerin dich oder dein Kind mies behandelt – fachlich oder persönlich – und dein Vertrauen deshalb wackelt, dann such jemand anderen für euch. Ich weiß, es ist immer nervig, den Arzt zu wechseln, es kostet Zeit und stresst alle Beteiligten enorm. Je nach Wohnlage ist es sogar schwer und mit Fahrerei verbunden. Ich verstehe wirklich jede Mutter, die sagt: Ne, ich bleibe in der Praxis, weil ich weitere Wege nicht packe oder weil es doch schließlich immer noch schlimmer werden kann. Aber in diesem speziellen Fall, in puncto ärztliche Betreuung deines Kindes, würde ich dennoch zu dem Schritt raten. Mach dich im Bekanntenkreis über Alternativen schlau … oder unter den anderen Eltern in der Kita bzw. Schule. Und lass Google heiß laufen. Es ist so, so wichtig, dass wir für unsere Kinder Ärzte und Ärztinnen haben, denen wir vertrauen und die wir jederzeit um Rat bitten können. Sogar als Kassenpatienten. Wobei gerade Letzteres noch eine Baustelle ist, die natürlich ebenfalls für Stolpersteine sorgen kann. Ich weiß das. Trotzdem: Hier ist einfach die Löwenmama angesagt! ♡

## FAZIT

Das ganze medizinische Thema entwickelt sich mit eigenen Kindern auf ein Level, das man sich vorher kaum vorstellen kann. Und ich gestehe, selbst mir fällt es da manchmal schwer, trotzdem noch eine Prise Humor draufzustreuen, wenn ich eigentlich nur noch frustriert, gekränkt oder sauer bin, weil es mal wieder so gar nicht läuft, wie es sollte. Am besten wird Zwergnase einfach nicht krank. **DAS** wäre wirklich empfehlenswert!

# FAMILIENURLAUB – DIE EXPEDITION ZUR STRESS-SPITZE STARTET!

## Wie ich an das Thema Familienurlaub herangegangen bin

Puh, jetzt habe ich das Gefühl, ich muss mich irgendwie richtig outen, denn ich bin gar nicht so der Urlaubsmensch. Also, ich habe natürlich gern frei und Zeit für mich, aber ich reise nicht so gern herum. Wobei das auch wieder nicht hundertprozentig stimmt, denn ich reise im Prinzip durchaus gern bzw. genieße es, an anderen Orten zu sein, nur das damit verbundene Packen und Auspacken kann ich nicht leiden. Außerdem hasse ich es, wenn ich in einem fremden Bett schlafen muss. Ich bin ein sogenannter »Heimschläfer«. Das war ich schon immer. Ich mochte als Kind ungern woanders übernachten, hab's aber gemacht, weil das alle gemacht haben. Ich ließ mich aber meistens zu später Stunde doch noch von meinen Eltern abholen oder blieb die ganze Nacht wach, weil ich mich so unwohl fühlte.

Leider hat sich daran nie etwas geändert, sodass ich auch ohne die Kinder nicht sooo oft in einen Zug oder Flieger gestiegen bin, um die Welt zu entdecken. Manchmal finde ich das doof von mir selbst, weil wir Mitteleuropäer schließlich dafür bekannt sind, dass wir gern rumurlauben. Für die meisten Menschen ist es wichtig, mindestens einmal im Jahr in Ferien zu fahren, einen Tapetenwechsel zu haben und anschließend unfassbar erholt wieder zurückzukommen. ICH stoße da oft auf enormes Unverständnis, wenn ich sage, dass ich gut ohne leben kann und zudem schlicht zu geizig bin, Unsummen für zwei Wochen woanders auszugeben. Ich weiß, ich bin komisch. Mein Rücken auch. DER mag fremde Betten mittlerweile noch viel weniger als meine Psyche, sodass wir ein eingeschworenes Anti-Urlaubs-Team sind. 😂

Allerdings ist mein Mann ganz anders gestrickt. Er LIEBT es, in den Urlaub zu fahren, auf Entdeckungsreise zu gehen und im besten Fall seine Frau dabei im Schlepp zu haben, um all die neuen Eindrücke direkt zu teilen. Okay, das mag ich dann. Mit Kindern allerdings … tja … das haben wir uns anders vorgestellt. Wie wohl die meisten Eltern, bevor sie zum ersten Mal mit dem Nachwuchs und einer Tonne Gepäck die heimischen vier Wände verlassen haben, um mit Zwergnase gemeinsam eine ERHOLSAME Auszeit zu nehmen. Ja, auch wir sahen uns gemütlich mit unserem Kind bzw. später Kindern im Sand unter einem Sonnenschirm sitzen, summend Burgen bauen und die Seele dabei baumeln lassen, nur unterbrochen von dem immer mal wiederkehrenden Satz: »Oh, Schatz, das ist so ein schöner Moment! Warte, ich mach ein Foto, damit wir uns immer an diese Harmonie erinnern können!«

Über so viel Naivität kann ich heute nur mehr lachen.

## Welche Erfahrungen wir bisher gemacht haben

Nach meinem Outing eben in Bezug auf Urlaube ganz allgemein möchte ich an dieser Stelle dennoch betonen, dass ich, wenn wir denn eine Reise in »Angriff« nehmen, absolut mein Bestes dafür gebe, dass es für alle wunderschön wird! Ich schiebe vorab eventuell etwas Stresspanik, weil die

Vorbereitungen mich jedes Mal erschlagen und ich im Hinterkopf schon die »Nachbearbeitung« der ganzen Wäsche winken habe. Trotzdem versuche ich, meine ganz persönlichen Urlaubs-Vibes im Keim zu erdrosseln oder zumindest professionell zu kaschieren. Nicht zuletzt, um meinem Söhnchen Mut zu machen, denn leider kommt er einfach komplett nach mir und braucht auch keinen Urlaub für sein Seelenheil. Genau wie ich schläft er woanders schlecht, hat schreckliches Heimweh, bekommt Darmbeschwerden und ist unausgeglichener als zu Hause. Meine Tochter hingegen ist wie ihr Vater eine Weltenbummlerin, was ich doll liebe, denn objektiv betrachtet ist das doch wirklich wundervoll.

Fakt ist: Wir haben hier in dieser Familie zwei unterschiedlich tickende Lager, die trotz allem hin und wieder zusammen verreisen, in manchen Schulferien aber auch tageweise getrennte Wege gehen. Ich finde das null schlimm, sondern vielmehr bedürfnisorientiert.

Gemeinsam haben wir schon verschiedene Abenteuer erlebt. Am besten erzähle ich ein wenig davon:

### Langes Wochenende in Belgien mit einer Zweijährigen

Als unser erstes Kind ungefähr zwei Jahre alt war, sind wir tatsächlich mal auf so einen »Langes-Wochenende-am-Meer-mit-Freunden-Trip« gegangen. So was ist immer mit Vorsicht zu genießen, denn es kommt vor, dass die Freundschaft danach eine andere oder schlicht erledigt ist. Wir wagten es damals dennoch, denn in unserer Vorstellung war es mega! Zwei Kinder, vier Erwachsene, das Meer, der Wind, Strand und ein Grill vorm Ferienhaus. Hammerschön!

Die Realität brachte leider nur 15 Grad und Sprühregen, völlig überdrehte Kinder, die ständig ins Meer rennen wollten, sodass es keine einzige ruhige Minute für uns Eltern gab, und on top … einen Magen-Darm-Infekt. Ganz klassisch, würde ich sagen.

Es war grauenvoll. Meine Freundin übergab sich damals an Tag zwei plötzlich ins Meer und nur wenige Stunden später begann unsere Tochter, ihre zuvor noch reingeschaufelten Nudeln mit Bolognese-Soße auf mein Kopfkissen zu erbrechen. Es war ein Fest, und wir »feierten« es bis in die Morgenstunden. Während ich das weinende Kind betreute und wischte, wischte und wischte, fuhr mein Mann Bettwäsche und Klamotten in den Waschsalon und betreute diese dort. Am nächsten Morgen wollten alle nur noch heim und hofften, dass die Medikamente gegen Übelkeit wenigstens die Fahrt über halten würden, wie es der Beipackzettel versprach. In mir hallte dieses Erlebnis noch recht lange nach.

### Bahn-Trips mit zwei Kindern

Um das Thema Urlaub noch mal ein bisschen spannender zu gestalten, wurden unsere Grundvoraussetzungen mit einer weiteren Besonderheit beim zweiten Kind »gepimpt«: Der kleine Floh leidet unter einer recht ausgeprägten Reisekrankheit. Das machte sich sogar schon im Bauch bemerkbar, denn er trat bei jeder Autofahrt wie bekloppt in alle Richtungen. Als Mini-Baby brüllte er dann, bis er keine Luft mehr bekam, und seit dem Kleinkindalter übergibt er sich verlässlich, sobald wir länger als 30–40 Minuten Auto fahren. Juchhe! Akupressur-Armbänder schenken uns ca. 30 weitere Minuten, aber das war's dann auch. Deshalb fanden wir schon mehrfach die Idee top, statt des Autos die Bahn zu nehmen. Joa, kann man machen, wenn man Bock hat, mit sehr mauligen, gelangweilten Kindern lange Wartezeiten an Bahnsteigen zu verbringen, die halt doch oft entstehen, weil die Eisenbahn es nicht ganz so eng sieht mit der Zuverlässigkeit. Und man muss schon recht große Freude daran mitbringen, viel Gepäck durch die Pampa zu schleppen und zu schieben, denn selbst ein Kurzurlaub wächst sich gepäckmäßig mit Kindern ja flott mal auf Umzugsniveau aus!

Natürlich sind Tablets für den Nachwuchs (zumindest meiner ganz individuellen Erfahrung nach) neben Keksen und Gummibärchen ein Must-have im Mutti-Rucksack, allerdings habe ich von meiner Tochter lernen dürfen, dass sich eine echte Reisediva davon auch nicht die Motivation nehmen lässt, alle 4 Minuten zu rufen: »Oh Gott, ich langweile mich hier zu Tode! ZU TODE! Ich muss hier raus! SOFORT! LASST MICH ENDLICH HIER RAUS!« Ergo: Der Magen des autoreisekranken Kindes findet Bahnfahren definitiv viel erträglicher als den Mietwagen; der freiheitsliebende Geist der Tochter möchte aber bitte nicht so lange »eingesperrt« sein im Zug, auch wenn ein direkter Größenvergleich mit der Sitzsituation im Auto … ach, lassen wir das. DU verstehst mich, das Kind hingegen nicht immer.

Übrigens endeten unsere Zugreisen meist in einer Art Städtetrip. Ich gehe davon aus, dass ich jetzt nicht zwingend näher ausführen muss, dass DAS keine besonders gute Idee mit noch recht jungen Kindern war. Meinen Mann erinnere ich manchmal, wenn er den Ablauf des Ganzen mal wieder vergessen hat und deshalb eine Neuauflage dieser Erfahrung vorschlägt, mit folgenden Worten daran: »BOAH MAMA, MIR IST SO LANGWEILIG! ICH WILL NACH HAUSE, UND ZWAR SOFORT!«

Dann geht's wieder! 😂

### Die erste Flugreise als Familie mit Kreta als Ziel

Achtung, Achtung! Hier kommt gleich eine positive Erfahrung! Kündige ich schon mal groß an, weil es die tatsächlich auch gibt, man sie aber vielleicht nach ein paar schlechten kaum mehr erwartet. Denn, ja, so ein Familienurlaub … Trubel-Trip … Gruppen-Ausflug ins Jammertal … bringt enorm viel Potenzial mit, richtig ätzend zu laufen. Weil viele Kinder geregelte Bahnen besser verkraften als Ausnahmezustände (auch die guten). Weil Mütter schnell auf dem Stress-Zenit tanzen, nachdem sie den Großteil der Urlaubsvorbereitung fast allein gestemmt und halt echt schon wie ein Damoklesschwert über sich schwebend die Wäscheberge des »Danachs« haben. Weil gerade Väter häufig mit einer völlig falschen Erwartungshaltung in so einen Urlaub schlittern und dann sauer sind, wenn sie NICHT entspannen und Cocktails trinken können, sondern Kleinkinder oder motzige Teenies auf viel engerem Raum als zu Hause davon abhalten müssen, sich gegenseitig oder die Nervenenden von Mama zu zerfleischen.

Genau deshalb bin vor allem ich im Sommer 2023 mal ganz anders an die Nummer herangegangen. Wir haben uns eine Flugreise gegönnt, nach Kreta, die für alle ein Mega-Highlight war. Selbst für den kleinen Floh und mich, weil ICH seit elf Jahren in keinem Flieger mehr gesessen hatte und die Kinder sogar noch nie. Meinen Mann habe ich vorher mehrfach ins Gebet genommen, ihn an all unsere Reise-Desaster erinnert und sehr klar kommuniziert, dass wir nicht nur am Strand liegen, sondern Kinder betreuen werden. Gemeinsam. Und dass wir das, VERDAMMT NOCH MAL, RICHTIG HART LIEBEN WERDEN!

Ich habe ihn mental darauf vorbereitet, dass viel gestritten und wenig gegessen werden wird, weil unser Nachwuchs alles nicht mag. Wir haben Ausflüge geplant, die spannend, aber nicht mit viel Laufen verbunden waren, und im Voraus vereinbart, dass ich nicht allein die *fucking* Wäscheberge abarbeiten würde. Wir sind realistisch an die Sache herangegangen. Und was soll ich sagen: Ich glaube, das ist der heilige Gral des Familienurlaubs gewesen. Wir hatten wirklich eine schöne Zeit. Ja, es wurde gestritten und geweint, es gab Beschwerden und Gejammer, viel Heimweh und auch Ängste zu bekämpfen. Aber alles in allem hatten wir eine schöne Zeit, an die wir uns alle gern zurückerinnern werden, weil wir keinen Erholungsurlaub erwartet hatten, sondern einen Trubel-Trip. Und DEN haben wir bekommen. ♡

## FAZIT

Mein Tipp lautet daher: Wenn du einen schönen Familienurlaub haben möchtest, nach dem du nicht enttäuscht nach Hause kommst, weil alles chaotischer lief als »geplant«, dann heißt das Zauberwort wirklich »umdenken«! Einfach umdenken. Familienurlaub ist was anderes als ein Urlaub allein, ohne Kinder. Aber wenn wir unsere Erwartungshaltung anpassen, dann wird's trotzdem schön. Ich schwöre es!

# KINDERGEBURTSTAGE – DAS HIGHLIGHT FÜR GROẞ UND KLEIN ... ABER AM LIEBSTEN BEI ANDEREN

## Wie ich die Feste feiern wollte

Ich erinnere mich noch sehr gut an den ersten Geburtstag meines Töchterchens. Ich war emotional so geladen wie eine Konfettikanone. Schon Tage vorher zog ich um von »nah am Wasser gebaut« zu »im Wasser gebaut«. Ich weinte in einer Tour. Es gipfelte in einem sehr tränenreichen letzten Abend als Mama eines Babys; am Morgen würde ich aufwachen als die Mutter eines Kleinkindes. Also laut irgendeinem Kinderphasen-Buch. Natürlich wusste ich, dass mein Herz klar übers Ziel hinausschoss, aber ich fühlte es so intensiv, dass mein Baby, mein erstes und zu diesem Zeitpunkt einziges Kind, im Begriff war, einen großen Schritt zu tun. Den ins Kleinkind-Dasein. Ich fühlte es so wahnsinnig, dass mir sogar jetzt noch, beim Schreiben dieser Zeilen, die Tränen in die Augen steigen. WAS IST DAS NUR MIT DER MUTTERSCHAFT, DASS WIR SO EMOTIONAL WERDEN? HIMMEL!

Am Tag selbst schwankten meine Gefühle wie Betrunkene auf einem Schiff hin und her – zwischen unbändiger Freude darüber, dass mein kleines Mädchen schlicht immer wunderbarer wurde, und der bodenlosen Trauer, dass die letzten zwölf Monate so rasant vorbeigeschossen waren, dass ich kaum hinterherkam. Und in diesem krassen Gewusel von *up and downs* absolvierte ich zum ersten Mal in meinem Leben als Mutter einen Kindergeburtstag. Das war ... speziell.

Grundsätzlich sei an dieser Stelle gesagt: Kein Kind braucht von sich aus zum ersten Geburtstag eine Party. Aber manche Eltern (oder Großeltern) brauchen das. Aus den unterschiedlichsten Gründen. Und tatsächlich liebte auch ich die Vorstellung davon. Entsprechend ging ich ans Werk. Ich suchte die richtige Deko aus und bezahlte zu viel dafür. Ich lud Gäste ein, ohne darüber nachzudenken, dass sie ja alle Kinder dabeihätten und es daher ratzfatz so turbulent zugehen würde wie in einer überfüllten Kindertagesstätte (nur halt mit besserem Betreuungsschlüssel). Ich habe Kuchen ... aufgetaut ... die klassische Benjamin-Blümchen-Torte. Ich schwöre, ich wollte lieber selbst backen, weil es meiner Meinung nach dazugehörte, aber dass ich das nicht mag, wusste ich sogar damals schon. Und es gab Geschenke – in der meiner Meinung nach perfekten Anzahl und viele davon aus Holz. Weil: Ey, nur das (pädagogisch) Beste für die Tochter!

Nachmittags wurde dann unsere Wohnung so professionell verwüstet, dass ich kurz davor war, sie anschließend einfach abzufackeln. Aber es war nun mal der erste Geburtstag meines Kindes. Ich wollte als Mutter glänzen in der Rolle der Gastgeberin und mein Kind sollte genau die Party bekommen, die es brauchte. Gut, das Kind brauchte eigentlich gar keine Party, weil es nicht wusste, was es mit der ganzen Nummer eigentlich auf sich hatte. Aber Geschenke fand die Tochter schon immer super. Deshalb genoss sie es, soweit ich das beurteilen konnte.

Alles in allem war der erste Kindergeburtstag unseres gemeinsamen Lebens ein voller Erfolg. Dass ich abends wie erschlagen im Bett lag, rechnete ich dem Umstand zu, dass es das erste Mal gewesen war. Zukünftig würde es sicher leichter werden. Je älter die Kinder wurden, desto mehr konnte man schließlich mit ihnen und für sie machen. Tolle Feiern planen, mit Spielen, Bastelaktionen, Ausflügen, gemeinsamem Tortenbacken, Schnitzeljagden usw. Es würde einfach fantastisch werden, jedes Jahr aufs Neue, sinnierte ich mit Blick in die Zukunft. Was soll ich sagen? Wie so oft hatte ich nicht den blassesten Schimmer, was mich erwartete und dass ich dann doch kein großer Fan von Kindergeburtstagen werden würde.

## Wie die Feste dann fielen

Vorab möchte ich Folgendes sagen: Grundsätzlich wählt natürlich jede Mama das Level ihres Kindergeburtstags-»Leidens« durchaus selbst. Zumindest größtenteils. Aber eben nicht ausschließlich. Je nachdem, wo man wohnt und wie hoch die Latte ist, die andere Mütter im direkten Umfeld in Sachen Geburtstagssause legen, fällt es eventuell schwerer, die Reißleine zu ziehen, als Außenstehende vielleicht denken. Ich versuchte es von Anfang an dennoch. Denn ich möchte es hier mal ganz klar und deutlich formulieren: Dass man heutzutage als Elternteil am besten eine Zusatzausbildung als Eventplaner absolviert haben sollte, finde ich schon hart übertrieben. Nicht nur, weil ich zumindest in diesem Punkt zu der Fraktion gehöre, die regelmäßig betont, dass wir früher glücklich waren mit »nur« drei Freunden und Topfschlagen, sondern weil ich es auch einfach zu teuer finde, was heute so »aufgefahren« wird. Wer kann es sich denn leisten, zwölf Kinder auf einen Ponyhof einzuladen und mit dem eigens dafür gemieteten Bus hinzukutschieren? Ich kenne da kaum jemanden. Außer vielleicht jene, die nicht wie wir in der Innenstadt, sondern ländlicher sowie in der Nähe eines solchen Hofes wohnen und private Kontakte zu den Inhabern pflegen. Ansonsten gilt: Man muss gegebenenfalls Abstriche machen, die Kinderwünsche stattdessen realistisch halten, auch wenn die Eltern der Freunde und Freundinnen in anderen Dimensionen denken. Das Wichtigste ist im Endeffekt doch, dass der immer größer werdende Floh einen fantastischen Tag mit großen und kleinen Menschen verbringt, die ihn lieben und zum Lachen bringen.

Außerdem habe ich in den letzten zehn Jahren mit insgesamt siebzehn für zwei Kinder absolvierten Kindergeburtstagen Folgendes gelernt:

1. Die Anzahl der Partygäste: Ich mag diese Regel, dass immer so viele Kinder eingeladen werden, wie Kerzen auf dem Kuchen stehen. Allerdings hat das bei uns fast nie geklappt, weil beide Kinder in großen Kindergartengruppen und später Klassen waren bzw. sind und wirklich viele Freundschaften pflegen. Was ich megaschön finde. Außer an Geburtstagen. Denn dann ist das nervig, laut und teuer. Aber es tut uns immer so doll in der Seele weh, wenn Freunde weinen, weil sie nicht eingeladen sind ... Also sparen wir lieber an anderer Stelle, wenn es möglich ist.
2. Die »Location«: Wir wohnen in einer Stadtwohnung ohne Garten. Aus Erfahrung kann ich sagen, dass das bei Kindergeburtstagsfeiern nicht gerade von Vorteil ist. Leider. 😉
   Ich persönlich feiere deshalb immer noch am liebsten draußen auf dem Spielplatz oder in einer erschwinglichen Location, in deren Preis die anschließende Grundsanierung ... äh Reinigung ... bereits inbegriffen ist. Fakt ist, nach

ein paar Jahren des Ausprobierens: Ich bezahle lieber Geld, als die ganze Sause in unseren heimischen vier Wänden eskalieren zu lassen. Das war immer schrecklich! Allerdings bedeutet das in unserer Wohngegend, dass man sich am besten schon ein dreiviertel Jahr vorher darum kümmert, wo man feiern möchte, weil sonst alles ausgebucht ist. Völlig irre. Wie soll ich denn neun Monate im Voraus entscheiden, was mein Kind zum nächsten Geburtstag spannend finden wird? Ich meine, wir wissen alle, wie schnell sich die Interessen eines noch recht jungen Charakters ändern. Macht mich jedes Mal fertig …

3. Die Party-Aktion: Boah, was habe ich schon Zeit auf die Kreation von Schnitzeljagden verschwendet. Unglaublich! Natürlich gibt es mittlerweile professionelle Online-Anbieter, die komplette Schnitzeljagden zum Ausdrucken bereitstellen. Aber irgendwie haben gerade Mütter ständig das Gefühl, sie müssen so was selbst machen. Damit es persönlich und von Herzen ist. Das müssen wir echt langsam mal abschütteln. Es stresst so sehr, wenn man entweder keine Zeit dafür oder schlicht keinen Spaß daran hat. Es gibt alternative Lösungen. Und wir sollten uns nicht dafür schämen, sie zu nutzen, wenn wir das gern möchten. Ich habe aber nicht nur Schatzsuchen »erarbeitet« und durchgespielt, sondern natürlich auch gebastelt. Zum Beispiel Schmuckkästchen mit Strasssteinen beklebt … kam super an. Oder kleine Monster-Bastelsets mit vierzehn Kindern. Ich habe Stop-Tanzpartys gefeiert und sogar einmal Steckenpferde aus Schwimmnudeln mit einem Haufen Sechsjähriger gebastelt. War der

Hammer, aber ich möchte anmerken: Heißkleber und eine Schar kleiner durch Zucker aufgeputschter Kinder ist nicht die empfehlenswerteste Kombination! Echt nicht! Trotzdem war's cool und ich werde es nie wieder machen! Was ich aber wirklich doll empfehlen kann, ist: Mach es nicht allein. Hol dir (falls der zweite Elternteil keine Hilfe ist oder sein kann) andere Mamis als Unterstützung dazu und gib Aufgaben ab. Ohne schlechtes Gewissen! Das hilft enorm!

4. Die Mitgebsel-Tütchen: Ich bin unsicher, ob man das so klar aussprechen darf, aber ICH HASSE DIESE TRADITION, sofern man es so nennen mag. Früher gab es ein paar Gummibärchen in einer Serviette nach dem Geburtstag für alle Kinder, heute sind da Seifenblasen, Radiergummis, tolle Lollis und was weiß ich noch nicht alles drin. Warum denn nur? So ziemlich alle Eltern finden es superätzend, den Kram zu kaufen, den Kram in kleine Tütchen zu packen, aber genauso, den Kram zu bekommen und dann nicht wegschmeißen zu dürfen, weil auch der hundertste Radiergummi natürlich einfach superwichtig ist. Ich boykottiere das Ganze zumindest in Sachen Umfang, aber leider nicht komplett, weil es meinen Kindern halt wichtig ist. Weil es eben alle machen. Ich wünschte aber, wir alle könnten einfach damit aufhören und die Gummibärchen in der Serviette reaktivieren … oder es sogar komplett einstampfen. Hach, das wär doch schön!

## FAZIT

Ich liebe meine Kinder und ich liebe es, zu sehen, wie sehr ihre Augen an ihrem Geburtstag leuchten, während ihre Herzchen vor Aufregung schneller schlagen. Ich liebe das wirklich enorm. Aber das Ausrichten der Feierlichkeiten deutlich weniger, als von Mamis wahrscheinlich erwartet wird. Tja …

# EINKAUFEN GEHEN MIT KIND – SO VIEL SPASS KANN SEIN!

## So naiv bin ich gar nicht an die Sache herangegangen … nur ein bisschen

An dieser Stelle zu behaupten, ich hätte vor der Elternschaft wirklich null Plan davon gehabt, dass Einkaufengehen mit Kind irgendwie schwierig sein könnte, wäre natürlich gelogen. Wie wahrscheinlich jedem anderen Menschen auch sind mir natürlich früher durchaus jene Mütter in der Kassenschlange aufgefallen, deren Nervenenden förmlich blank neben dem frischen Gemüse auf dem Kassenband lagen, während sie versuchten, ihr Kind davon abzuhalten, die Quengelware kistenweise in irgendeine Tasche zu füllen oder sich auf den Fußboden zu schmeißen und zu schreien. Ich habe diese Mütter gesehen und wie leider sehr viele Erwachsene, die eben gerade NICHT in einer vergleichbaren Situation stecken, heimlich mit den Augen gerollt und die Frau verurteilt, weil sie ihr Kind nicht im Griff hatte. Weil sie verzweifelt zusah, aber nicht konsequent handelte. Weil sie irgendwann einknickte und zumindest einen Lolli erlaubte, obwohl das in meinen Augen pädagogisch betrachtet ein absoluter Griff ins Klo war. Denn natürlich wusste ich auch, ohne schon selbst Kinder zu haben, dass man solch mieses Verhalten nicht positiv verstärken durfte. Schreien,

Schimpfen, Sich-auf-den-Boden-Werfen waren schließlich keine akzeptablen Verhaltensweisen in der Öffentlichkeit (oder sonst wo), die man auch noch belohnen sollte. Um das zu wissen, muss man ja nun wirklich nicht selbst ein Elternteil sein, dachte ich!

Wie oft urteilte ich in solchen Situationen ratzfatz: Wow, da hat gerade jemand einen Präzedenzfall geschaffen, oder vielleicht auch schon viel früher, sodass das Kind wusste, dass es mit diesen Tobsuchtsanfällen definitiv das Ziel erreichen würde.

Wahrscheinlich ist es völlig unnötig, an dieser Stelle auszuformulieren, was ich logischerweise mit absoluter Überzeugung beschloss: MIR würde das – irgendwann in der Zukunft – als Mutter bei meinen eigenen Kindern garantiert niemals passieren. Und genau das denken immer noch sehr viele Menschen, wenn sie Mütter im Supermarkt dabei beobachten, wie sie versuchen, mit einem oder mehreren (Klein-) Kindern im Schlepp einzukaufen, ohne dabei irgendwem Fremdem negativ bzw. als »pädagogisch inkompetent« aufzufallen oder die Fassung zu verlieren.

## Wie die Realität mich einholte

Ich habe ein Foto von meinem damals ca. zweijährigen Sohn, wie er in Winterkleidung bäuchlings auf dem Boden des Drogeriefachmarktes meines Vertrauens liegt, die Hände knapp über den Hinterrädern eines Kinder-Einkaufswagens, um sich dort festzuhalten, weil seine große Schwester ihn damit laut lachend durch die Gänge gezogen hatte, während ich nur Sekunden im Gang nebenan die Lieblingsmüsliriegel geholt hatte. Ja, ich habe tatsächlich ERST ein Foto gemacht und meine Kinder dann mediumlaut darum gebeten, aufzustehen und verdammt noch mal nicht so durchzuknallen in dem Laden. Beide Verhaltensweisen meinerseits, genauso wie die vorangegangene

Show-Einlage meiner Sprösslinge, hatten natürlich längst alle im Laden »verfügbaren« Senioren auf den Plan gerufen und bei ihnen die Eltern-Beratungs-Skills aktiviert. »Also mein kleiner Horst hat so was nie gemacht! Der war immer ganz brav!« und »Pfft, diese Elterngeneration … immer nur das Handy in der Hand!«

Ich atmete ein und lächelte den Herrschaften eine Spur zu freundlich entgegen. »Wissen Sie, Ihr Horst hat das auch gemacht, Sie haben es nur vergessen, was aber normal und superschön ist, denn so erinnern Sie sich heute – 60 Jahre später – eben nur an die wundervollen Momente. So wird es mir auch irgendwann gehen, hoffe ich! Und was das Handy angeht: Sie hatten damals einfach keins! Sonst hätten Sie bestimmt auch mehr Fotos von Horst gemacht!« Und dann schob ich Kinder, Kinderwagen, Kinder-Einkaufswagen so behände wie möglich mit hocherhobenem Kopf und verhältnismäßig wenig Schweißperlen auf der Stirn Richtung Kasse!

Ich erinnere mich gern an diesen Moment, denn es war einer von jenen, in denen ich auf mich selbst stolz war, nicht ausgerastet zu sein. Ich hatte weder die Kinder schlimm angebrüllt, aber dennoch zurechtgewiesen. Ich hatte nichts verloren und keins der Kinder heulte. Und ich hatte keine Fäkalsprache bei meiner Reaktion auf die Senioren benutzt – auch darauf war ich stolz. Warum? Weil es in den Jahren vorher natürlich tausendfach anders gelaufen war. Man darf es echt nicht vergessen: Nicht nur die Kinder werden geboren und beginnen ab dem ersten Tag zu lernen; genau das gilt auch für die Mamis. Wir haben meistens nur eine grobe Ahnung, was auf uns zukommt und wie wir uns tatsächlich fühlen werden als Mutter. Letzteres nimmt so enormen Einfluss auf unser Verhalten – lässt sich aber nicht vorab üben oder so. Wir lernen also auch. Jeden Tag! Wir lernen, eine Mama zu sein, die zu unseren Kindern und Bedürfnissen und Anforderungen passt. So auch in Sachen Einkaufengehen mit Kids. Wahrscheinlich ist es so, unabhängig davon, ob in einer Groß- oder Kleinstadt: Verurteilt wirst du, wenn dein Kind so derbe den Schalk im Nacken sitzen hat, dass es in der Kühlabteilung plötzlich mit Leberwurst wirft ... schlicht, weil es dran kommt und die Form mag. Hier würde ich übrigens gern behaupten, dass es sich um ein ausgedachtes Beispiel handelt. Kann ich aber nicht! Das gilt auch für den Moment, als die damals vierjährige Tochter einen Stein aus der Kita verloren glaubte, während wir gerade Äpfel aussuchten, und aus Frustration ein Szenario startete, das als Paradebeispiel in einem Aufklärungsfilm über die Autonomiephase glänzen könnte. Mit einem irgendwann nicht mehr schlafenden, sondern dann schlicht aus Leibeskräften brüllenden Baby in der Trage spielte ich wirklich sämtliche jemals veröffentlichte Tipps für den richtigen Umgang mit Kindern durch und lernte an diesem Tag zwei Dinge:

1. Wenn die Kinder nicht zufällig dieselben pädagogischen Ratgeber wie man selbst gelesen haben, kann es sein, dass sie alle Strategien gleichermaßen ablehnen und einfach eine individuelle Behandlung benötigen, die manchmal leider Schreien in der Öffentlichkeit beinhaltet, um den »Wut-Fluch« zu brechen.
2. Auch in der Großstadt kann man so sehr auffallen, dass man noch Wochen später dafür wiedererkannt und für das eigene, natürlich mangelhafte Elternverhalten beraten wird. Von eigentlich Fremden.

Aber wie heißt es so schön? Es ist immer nur eine Phase, die vergeht und dann von der nächsten abgelöst wird. Mittlerweile habe ich keine Probleme mehr mit klassischen Trotzanfällen (Darf man das eigentlich heute noch so nennen?) der Kinder, sondern mehr damit, dass sie schier **ALLES** gebrauchen können. Mit ihnen zusammen einkaufen zu gehen, heißt, durchgehend zu diskutieren, was man nun braucht oder nicht ... bis die Ohren bluten und das Gehirn freiwillig zum Selbstschutz eintrocknen will, nur um Ruhe zu haben. Schaffe ich es, konsequent zu bleiben – trotz des beeindruckenden Verhandlungsgebarens der Geschwister –, folgen dem nervigen Einkaufstrip noch mindestens zwei Stunden Nach-Gemecker, die ich dann mindestens genauso sehr genieße wie das Shoppingerlebnis an sich. Wenig überraschend gehe ich lieber allein, aber die Tochter möchte immer so gern mit und spielt zur Überzeugung oft die »Mama-Tochter-allein-Zeit«-Karte aus. Du kannst es nicht sehen, aber sogar beim Beschreiben der Situation rolle ich mit den Augen. 😂

Falls du dich fragst, wie es bei uns läuft, wenn wir Klamotten shoppen gehen: Sagen wir mal so – ich bestelle nur noch. Ich vermute, das beantwortet alle Fragen dazu. Ich teste es immer mal wieder an, weil vor allem meine Tochter manchmal behauptet, sie hätte Bock darauf, **ABER** das ändert sich, sobald wir das erste Geschäft betreten. Und vielleicht bin ich ein bisschen dankbar dafür, weil ich selbst nämlich (wie die Kinder wohl ebenfalls) zu den Menschen gehöre, die in einem Real-Life-Klamotten-Geschäft extrem schnell überfordert sind von der Masse der Waren, der Farben und Formen! Ich bin nicht sicher, ob das Wort Reizüberflutung da reicht ... Ich steigere es mal gerade auf **REIZ-TSUNAMI**, weil ich wirklich jedes Mal nach maximal 10 Minuten fluchtartig den Laden verlasse. Also echt voll okay für mich, dass meine beiden Zwerge da offenbar genauso denken & fühlen.

## FAZIT

Mein Vorschlag: Ganz egal in welchem Alter sich die Zöglinge gerade befinden, irgendwas ist immer und macht gemeinsames Einkaufen zu einer Zerreißprobe für die Nerven. Mir persönlich hilft dabei der Gedanke, dass echt so ziemlich alle Mamis ähnliche Erfahrungen machen wie ich (und du). Und folgendes Mantra hilft mir ebenfalls, weshalb ich es durchgehend leise vor mich hinmurmle: Ich atme ein, ich raste aus!

Grundsätzlich neige ich ja ein bisschen dazu, von mir auf andere zu schließen, aber da ich so eine fantastische, große Community habe, wollte ich eben auch die Möglichkeit nutzen, viele Frauen bzw. Mütter in einem Rutsch zu dem Thema zu befragen, das für mich der Auslöser war, dieses Buch zu schreiben.

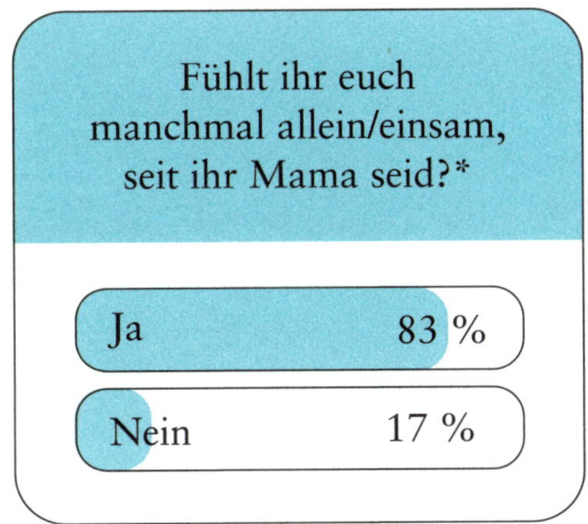


* 5.930 Menschen haben abgestimmt.

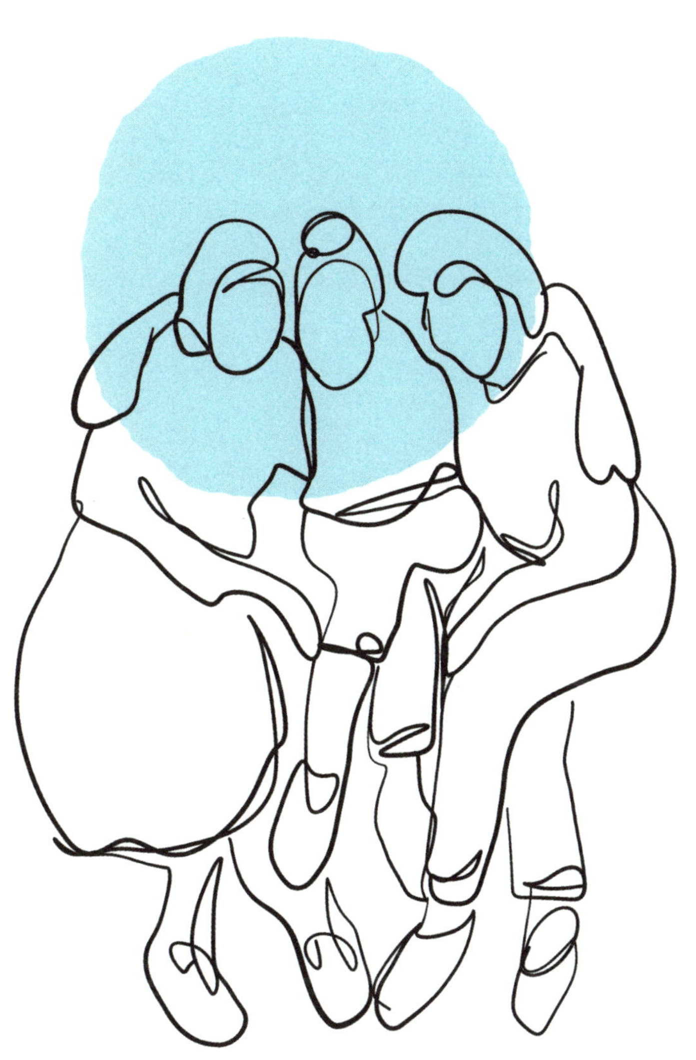

# (MUTTI-)FREUNDSCHAFTEN – MAL GEWINNT MAN, MAL VERLIERT MAN

## Wie ich mir von Herzen gewünscht habe, dass es läuft

Ich bin etwas unsicher, ob es reicht, wenn ich an dieser Stelle die Formulierung nutze: Ich bin etwas blauäugig an die Sache herangegangen. Ich habe nämlich absolut null damit gerechnet, dass der Umstand, dass ich ins #teammutti eintrat …

1. meine bestehenden Freundschaften ernsthaft beeinflussen würde,
2. es nicht pups-einfach machen würde, neue Freundschaften mit ebenfalls frischgebackenen Müttern zu knüpfen.

Mein Plan war nämlich megagut: Meine bestehenden Freundschaften würde ich schlicht alle behalten … Was sollte mit denen schon passieren? Mir war aber bewusst, dass ich zusätzlich ein paar neue Menschen in mein Leben lassen sollte – vom Nachwuchs abgesehen –, um mich zu den eben für mich ganz aktuellen Mutti-Themen austauschen zu können.

Schließlich ahnte ich schon, dass jene in meinem Freundeskreis, die sich noch nicht aktiv mit Familienplanung & Co befassten, vielleicht weniger Interesse als ich für die Konsistenz von Babyschiss, für unterschiedliche Schnullerformen und die Frage, was man denn nun am besten auf entzündete Nippel schmieren sollte, aufbringen würden. Und ich wollte definitiv nicht so eine Mutter werden, die anderen mit so was auf den Zeiger geht! Aber dass ich drüber reden wollen würde, war mir klar, daher nahm ich mir fest vor, zwei bis drei Babykurse zu besuchen (wir sprachen bereits darüber) und mir dort eine Handvoll NEUER Freundinnen zu »akquirieren«, um in ihnen die passenden Gesprächspartnerinnen für die nächsten JAHRE zu finden. SO WAR DER PLAN!

## Wie es leider dann TATSÄCHLICH lief (aber mit Happy End)

Ganz wichtig sei an dieser Stelle noch mal betont: Ich erzähle hier NUR von meinen persönlichen Erfahrungen! Die sind nicht zwingend maßgeblich dafür, dass es bei anderen genauso stattfindet. Alles, was mit Freundschaften zusammenhängt, ist extrem individuell und wird von unzähligen Faktoren beeinflusst. Wie zum Beispiel:

- Wohnort
- Umzüge
- Charaktereigenschaften
- persönliche oder gesundheitliche Besonderheiten beim Nachwuchs
- persönliche oder gesundheitliche Besonderheiten bei der Mama
- und ganz viel: WAS MACHT DIE MUTTERSCHAFT EIGENTLICH AUS UND MIT UNS?

Denn Fakt ist nun mal: Ein Kind zu bekommen, verändert nicht nur den Look unserer Wohnung, sondern auch uns selbst. Und das sage ich ganz wertfrei ... ohne Fokus auf Positives oder Negatives. Die Mutterschaft verändert uns ganz allgemein, unsere Bedürfnisse und auch unsere Ansprüche an Freundschaften.

## Die alten Freundschaften

ICH habe tatsächlich die meisten meiner alten Freundschaften in den letzten zehn Jahren verloren bzw. sie sind irgendwo auf der Strecke geblieben. Das lag aber nicht ausschließlich am Nachwuchs und daran, dass ich eventuell doch zu viel über gelbes Baby-Pupu gesprochen habe (Aber ey, das ist halt ein krasses Thema! Wie viel da aus so 'nem Baby rauskommt und bis wo das zum Teil schießt! Ich meine, da muss man doch drüber reden!), sondern genauso an meinem Umzug von einer Stadt in eine andere (wobei das schon ein Jahr vor dem ersten Kind stattfand) und daran, dass ich mich selbst schon veränderte, bevor die Hormone ihre Chance ergriffen. Ich glaube, in meinem Fall kam sehr viel zusammen. Und auch wenn ich die ein oder andere Freundin manchmal etwas vermisse, mit der ich Jahre verbracht, Sorgen geteilt und Partys gesprengt habe, empfinde ich es rückwirkend als okay, dass unsere Lebenswege eben nicht mehr parallel laufen. Manchmal ist das einfach so. Und wenn man dennoch dankbar auf die gemeinsame Zeit zurückblicken und lächeln kann ohne Wehmut, ist es kein Grund, zu trauern. Und so geht es mir. Mir ganz persönlich. ♡

## Die neuen Freundschaften

Da ich recht schnell nach meinem Umzug in meiner (mittlerweile) Herzensstadt schwanger wurde, dachte ich erfreut: Boah, das wird so einfach und super! Ich checke in ein paar Kinderkursen ein und, BÄM, habe ich Freundinnen, die in derselben Lebensphase stecken wie ich. Davon abgesehen werde ich ja viel Zeit auf Spielplätzen abhängen und auch dort Kontakte knüpfen, denn ich bin ja eine sehr kontaktfreudige Frau ... Wie lang kann es also schon dauern, bis ich meine neuen *besties* finde? MAXIMAL ein paar Monate!

Tja, fast ... es war im Endeffekt eine ziemlich lange Berg- und Talfahrt. Denn ich habe recht flott verschiedene Aspekte entdeckt, die ich vorher null auf dem Schirm hatte:

- Babykurse sind nicht immer cool! Und die anderen Mütter darin auch nicht.
- Neue Menschen kennenzulernen, ist viel schwerer, wenn man kein Bier in der Hand hat und nicht an einer Theke steht!
- ICH musste erst mal MICH als Mama neu kennenlernen, bevor ich andere Mütter richtig kennenlernen konnte.
- Mütter sind nicht alle gleich, nur weil sie Mütter sind.
- Manchmal verstehen sich die Kinder so schlecht, dass DAS zu einem No-Go für eine Mutti-Freundschaft wird.
- Mutti-Cliquen können stark an die Cliquen in der Schulzeit erinnern und ICH KANN DAS NICHT LEIDEN.
- Mum-Bashing ist ein krass großes Thema! Manche Mütter sind einfach ... Doofies!
- Echte Freundinnen zu finden, ist sauschwer ..., egal in welchem Alter und in welcher Lebensphase man gerade steckt.

»Life is a rollercoaster« ... So heißt es doch, richtig? Ich finde, dieser Satz passt hier so gut. Ich habe mich wirklich arg bemüht, Mutti-Freundinnen zu finden, und dennoch war ich im ersten Jahr mit meiner Tochter enorm viel allein ... ja, sogar einsam. Mein Mann war arbeiten und ich zu Hause mit dem Mäuschen. Die Kurse gaben nicht die Begegnungen her, auf die ich gehofft hatte. Ich wurde mehrmals geghostet (DABEI BIN ICH VERDAMMT NETT.) und hab nie verstanden, warum. Meine erste Freundin, die ich als Mama kennenlernte, zog nach eineinhalb gemeinsamen Jahren weg. So weit, dass der Kontakt irgendwann komplett abriss. Von einer anderen Frau »trennte« ich mich, weil sie für mich recht plötzlich politische Ansichten vertrat, die ich auf gar keinen Fall tolerieren wollte. Und dann gab es immer mal wieder Mütter, mit denen es toll – auch zwischen den Kindern – klappte, bei denen sich das Leben dann aber schneller erneut änderte (Richtung Vollzeit arbeitender Mama) als bei mir. Voll okay natürlich, nur dass man halt dann auf einmal keine Alltagszeit mehr auf dem Spielplatz oder so hatte und die noch dafür freien »Termine« nicht mehr so recht zusammenpassten.

Mittlerweile habe ich aber eine Handvoll wirklich wundervoller Mutti-Freundinnen, die mehr als das sind. Sie sind meine Vertrauten weit über den Mama-Status hinaus. Und ich bin unfassbar dankbar für jede von ihnen. Vor allem, weil ich aus meiner Online-Community weiß, dass viele, viele Mamis sich das genauso wünschen, aber niemanden in ihrer Nähe finden … aus unzähligen verschiedenen Gründen.

### Gesucht und endlich gefunden

Meine Freundinnen habe ich auf dem Spielplatz gefunden. Tatsächlich alle von ihnen. Wir sind einfach ins Gespräch gekommen, und es wurde mehr daraus (Gott, klingt das romantisch!). Natürlich habe ich auch fantastische Frauen über die Kita und später über die Schule der Kinder kennengelernt, doch ich weiß aus der Erfahrung der letzten Jahre, dass bei jedem »Betreuungs-Location-Wechsel« der Kids viele von ihnen irgendwann nicht mehr auf die WhatsApp-

Nachrichten antworten oder man einander im Gewusel des Lebens schlicht und ergreifend vergisst. Das klingt schrecklich hart und traurig, aber ich befürchte, es ist ganz normal. So ergeht es ja auch oft den Kinder-Freundschaften – denen unserer Kinder heute und unseren eigenen von früher. Klar, es gibt diese Verbindungen, die ein Leben lang halten. Ich wünsche sie wirklich jedem! Allerdings habe ich selbst sie nur zu meiner Schwester, die halt nicht nur meine Schwester, sondern gleichzeitig auch meine Freundin ist … nur dass **SIE** mich nicht ghosten kann, weil wir **VERDAMMT NOCH MAL FÜR IMMER ANEINANDERGEKETTET SIND!** Ich liebe es! 😂

### FAZIT

Neue Freundschaften als Mama zu finden und so fest zu knüpfen, dass sie länger als eine »Phase« halten, ist echt nicht leicht, aber es lohnt sich, es immer wieder zu versuchen!

# KINDERERNÄHRUNG – EIN KINDERSPIEL?

## Eine AHNUNG hatte ich wenigstens schon mal

Ich möchte hier ja so ehrlich wie möglich sein, deshalb verkünde ich an dieser Stelle einfach mal voller Stolz: An DIESES Thema bin ich überraschend gut vorbereitet – nämlich in Erwartung eines potenziellen Worst-Case-Szenarios – herangegangen. Und zwar aus eigener Erfahrung bzw. der, die MEINE Mutter damals mit MIR machen musste. Ziemlich sofort machte ich als Mini-Anke klar: Hier wächst ein (heute) sogenannter Picky Eater heran – ein kleiner Mensch, der sehr viele Nahrungsmittel schon aufgrund von Form, Farbe oder Geruch »aussortiert« und sich an diese Ersteinschätzung hält, OHNE zu probieren. Was soll ich sagen … es war nicht leicht mit mir und so ist es geblieben. Auch heute esse ich bei Weitem nicht alles, habe unglaublich viele Eigenheiten in puncto Essen (zum Beispiel esse ich kein gekochtes Gemüse, außer es schwimmt in einer Suppe oder einem Eintopf – dann zermatsche ich es und komm klar damit). Bei mir geht es oftmals um die Textur des Nahrungsmittels, die darüber entscheidet, ob ich es esse oder nicht. Aber nicht nur. Da sind noch viel mehr Einschränkungen, denen sich mein persönlicher Speiseplan unterordnen muss. On top hatte ich über zehn Jahre eine aktive Essstörung, die ich zwar seit der ersten Schwangerschaft komplett im Griff habe, die mich aber natürlich dennoch hin und wieder beeinflusst. Logisch. So was legt man niemals komplett ab … Es hinterlässt Narben; ist einfach so.

Ich hatte also schon vor der Geburt meines ersten Kindes durchaus auf dem Schirm, dass nicht jedes Kind einfach isst, was Mutti in ein rutschfestes, knallbuntes Schüsselchen füllt und dem Nachwuchs serviert. Mir war absolut klar, dass es anders laufen KÖNNTE. Nichtsdestotrotz hatte ich naive Anwandlungen. Weil ich von so vielen anderen Müttern bereits gehört hatte, wie easy die Beikost-Einführung gelaufen war, dass es nach dem obligatorischen Jahr des Stillens SO SÜSS anzusehen gewesen wäre, wie der kleine Lutz-Michael mit den Händen alle neu von Mutti präsentierten Lebensmittel erst haptisch entdeckt und dann natürlich auch probiert hatte. WIE LUSTIG es mit der Zitrone gelaufen sei (dieses niedliche verkniffene Gesichtchen, das auf ewig an der Wohnzimmerwand hängend an den Moment erinnern wird) und dass die Eltern nun glücklich sind, dem Nachwuchs einen entspannten Zugang zu gesunder Ernährung geschaffen zu haben. SO wollte ich es bitte auch erleben. Komplett ungeachtet meiner eigenen … Besonderheiten. 😉

## Wie es dann in Wirklichkeit lief & noch läuft

Kurz: anders. Meine Güte, es lief und läuft so dermaßen anders. Schon allein deshalb, weil ich erst einmal verinnerlichen musste, dass wir nun mal nicht in einer Hütte im Wald leben. Nein, wir leben in einer Welt, in der von überallher Meinungen, Empfehlungen, Handlungsleitfäden von anderen Menschen (Experten und solchen, die sich dafür halten) in unseren Alltag schwappen. Und das geht im Prinzip schon während der Schwangerschaft los und nimmt dann richtig Fahrt auf, sobald wir unser

Baby auf die Welt gebracht haben, mit der Frage, ob wir stillen wollen oder nicht. Gerade zu diesem Thema wird so viel MEINUNG und so viel Druck auf die frischgebackene Mami abgeladen, dass die Hütte im Wald umgehend mächtig attraktiv erscheint. Ich war in dieser Situation schlichtweg schockiert und komplett überfordert! Im Krankenhaus wurde ruppig mit meinem Baby und mir umgegangen, anstatt uns beide liebevoll anzuleiten. Keine Sau hatte mich vorgewarnt, wie verdammt weh das Stillen am Anfang tut! (Ich habe es dann damit verglichen, dass es sich anfühlt, als würde ein Welpe mit seinen spitzen Milchzähnen meine Brustwarze perforieren wollen, und ich finde den Vergleich auch heute noch passend, denn ich kann mich daran noch genauso gut erinnern wie an die Geburtsschmerzen, die man ja angeblich sofort vergisst.) Und wie schnell man sich selbst zu einer Brustentzündung gratulieren kann, habe ich auch allein rausfinden dürfen. Tippitoppi. Mutti dankt.

Ich habe zwar die Tochter trotzdem etwas über ein Jahr gestillt und das Söhnchen sogar komplette drei Jahre (dazu komm ich gleich noch mal), verstehe aber wirklich jede Frau, die aus welchen Gründen und zu welchem Zeitpunkt auch immer sagt: »Ne, Herzchen, einfach ne – für uns zwei beide Hübschen wird's ab jetzt die Flasche!« Ganz egal wie oft irgendwer wiederholt, dass es von der Natur aber nun mal so gedacht ist, dass Mama ihr Baby stillt … DAS MUSS UND DARF JEDE MUTTER FÜR SICH ENTSCHEIDEN! Und zwar ohne schlechtes Gewissen bitte!

ICH wollte unbedingt stillen. Das war halt meine Entscheidung, und darin hatte ich mich verbissen wie besagter junger Hund in meine Brüste. Allerdings ließ ich mich bei der Tochter dann nach elf Monaten von unserem damaligen Kinderarzt (der KEIN Still-Experte war) so bekloppt machen, dass ich jetzt unbedingt abstillen müsse, dass ich es tat. Wochenlang kämpfte ich mit meinem Baby, das so wenig bereit für diesen Schritt war wie ich. Und ich heule sogar heute noch, wenn ich daran denke, wie dämlich ich war, nicht auf mein Gefühl zu hören. Ätzend war das. Und so typisch. Wie viele Mütter stillen ihre Kinder, weil sie denken, sie MÜSSTEN, oder weil irgendjemand ihnen es unbedingt empfiehlt, ja sogar BEfiehlt? Wie viele Mütter stillen ihre Kinder AB aus denselben Gründen? Dabei ist der richtige Zeitpunkt schlichtweg immer der, wenn Mutter und Kind dafür bereit sind oder einer von beiden keinen Bock mehr hat. Natürlich spielen auch äußere Faktoren wie der Wiedereinstieg in den Job eine Rolle, aber da gibt es Megalösungen, die gute Stillberaterinnen gern aus dem Ärmel schütteln. Kann ich nur empfehlen!

Aufgrund der Erfahrung mit meiner Tochter und des langen Ernährungselends, das dieser harte Still-Cut nach sich zog, bin ich an die Stillzeit mit dem Zweitgeborenen viel selbstbewusster herangegangen. Schon in der Schwangerschaft habe ich allen um mich herum verboten, mir jemals reinzuquatschen. Ich hatte definitiv nicht vor, drei volle Jahre zu stillen – genauer gesagt habe ich mir über die zeitliche Distanz überhaupt keine Gedanken gemacht. Ich wusste nur: Ich möchte wieder stillen. Aber diesmal komplett nach MEINEM Bauchgefühl! Glücklicherweise hatte ich für alle Fragen rund ums Stillen mittlerweile Profis an der Hand, sodass ich veraltete Infos als solche erkannte. So konnte ich mich entspannt auf unsere Bedürfnisse – die meines Kindes und meine eigenen – konzentrieren. Und irgendwie hielt diese Stillbeziehung an. Lange. Drei Jahre insgesamt. Damit hätte ich nie im Leben gerechnet. Aber es kam einfach so und es war perfekt für uns beide. Unter anderem, weil sich sehr früh herauskristallisierte, dass der kleine Floh ein noch schlechterer Esser (oder sollte man vielleicht eher »Anders-Esser« sagen, weil dieses SCHLECHT schon ungemein stresst, dabei entspricht die Art der Nahrungsmittelwahl doch einfach nur nicht der Norm) werden würde als seine große Schwester, ja sogar als seine Mutter!

Zugegeben: MEINE spezielle Basis beim Thema Ernährung macht mich in Bezug auf meine Kinder und deren Ernährungsart extrem sensibel. Natürlich ist es mir wichtig, dass ihre kleinen Körperchen alles bekommen, was sie brauchen, um sich gesund weiterzuentwickeln.

Genauso wichtig ist es mir jedoch, ihre Instinkte bzw. ihre individuellen Geschmäcker und Grenzen nicht unter den Tisch zu kehren wie trockenen Reis vom bestellten Asia-Sonntagsessen.

Mir rollen sich zum Beispiel ernsthaft die Fußnägel auf, wenn ein nicht erziehungsberechtigter Erwachsener meinen Kindern den Uraltsatz drückt, dass sie erst probieren müssen, um beurteilen zu können, ob sie es mögen oder essen möchten. Ich selbst habe diesen Satz als Kind gefürchtet. Und ich habe ihn nicht verstanden. Warum sollte ich etwas probieren, wenn ich doch schon am Geruch erkennen konnte, dass ich den Geschmack nicht mögen würde? Warum zählt der Geruchssinn beim Essen so viel weniger als der Geschmackssinn? Warum ist es für viele Erwachsene nicht nachvollziehbar, dass mir der eine Sinn schon die Auskunft gibt, was mir der andere Sinn nur noch bestätigen würde?

Wenn meine Kinder sagen, sie möchten das nicht probieren, dann müssen sie es nicht. Das gilt für zu Hause, das galt für die Kita und das gilt auch jetzt für die Schulmensa. Basta.

ABER ... oh ja, hier gibt's trotz meiner Vehemenz ein ABER ... natürlich ließ sich das bei der Beikost-Einführung nicht direkt umsetzen. Beide Kinder mussten ja erst einmal verstehen, dass neben Muttermilch oder Wasser auch noch andere Möglichkeiten existieren, dieses unangenehme Bauchgrummeln loszuwerden. Gerade bei der Tochter habe ich die Beikost-Einführung also klassisch gestartet, viele Ratgeber gewälzt und noch mehr Tipps von Pädagogik-Passanten umgesetzt. Ich habe selbst gekocht, selbst püriert oder anders portioniert ... wie eben die Empfehlung gerade aussah. Ich habe soooo viel ausprobiert. Und genauso viel vom Boden gewischt, aus meinem Gesicht und von meinen Klamotten. Irgendwann habe ich diese Fütterungs-Testmomente in einem Friseurkittel sitzend verbracht. Das Kind genauso. Ich hatte einfach keinen Bock mehr auf dieses immense Putz- und Wäscheaufkommen wegen zermatschtem Kürbis oder gespuckter Pastinake. Es war wie der lange Arm des Abstillens ein jahrelanger Kampf … an dessen Ende sie nur Nudeln ohne alles oder Brokkoli mit Parmesan aß. Diese Erfahrung war definitiv mit ein Grund, warum ich das zweite Kind so lange gestillt habe, da es wirklich schlicht NULL Interesse an Essen zeigte. Ehrlich NULL! Von wegen: Kinder entdecken so gern und matschen rum und probieren und yeah, voll spannend zu beobachten. Nix da. Keine Chance. Er hat nicht mal am fliegenden Löffelchen geschnuppert!

»Komm doch einfach mal zu uns zum Essen! Gemeinsam mit Freunden macht das sicher viel mehr Spaß, und die Kids probieren von sich aus mehr, weil die anderen ja auch essen. Du weißt schon … Gruppendruck!«, zwinkerten mir immer wieder andere Mütter zu und dachten, sie wären die Erste mit dieser fulminanten Idee, die garantiert all meine Probleme lösen würde. Süß! 😉

Ich versuchte es dennoch, weil ich irgendwann leicht (quatsch … HART) verzweifelt und schlicht genervt davon war, ständig was zu servieren, nur um es dann vom Boden und aus meinen Haaren wischen zu müssen. Das Ergebnis war allerdings immer, dass meine Kinder zwar mit am Tisch saßen, jedoch nur quasselten und Quatsch machten, ohne auch nur Blickkontakt mit dem Belag auf dem Teller aufzubauen. Wenig überraschend für mich.

Mittlerweile sind die Geschwister natürlich größer, und zumindest die Tochter ist experimentierfreudiger geworden (Sie isst Nudeln in anderen Formen und Farben als ihre Lieblingsvariante.) und entwickelt sogar Interesse am Selberkochen.

Der Kleine hingegen bleibt bisher seinem Stil treu. Ich kann an zwei Händen abzählen, welche Produkte vom Teller – oder aus der Brotbox – in seinem Magen landen. Ich bin die Mutter, die immer alternatives Essen für ihren Sohn dabeihat, auch wenn wir in ein Restaurant gehen oder bei Freunden eingeladen sind. Ganz ehrlich, es nervt mich, obwohl ich ja selbst so bin. Meine Mutter hingegen schmunzelt darüber und nennt es Karma. Tja.

Würde ich ihm da manchmal gern ein bisschen mehr Druck machen? Dass er doch mehr probiert und auch Sachen isst, die er nicht mag? Weil ich ständig extra kochen muss und oft nicht weiß, was ich ihm in die Brotdose packen soll? Ja! Mache ich es? Nein. Na gut, manchmal sag ich ihm schon, dass ich mir wünschen würde, er würde mehr Alternativen in Betracht ziehen. Mehr kommt aber von mir nicht, weil ich zum einen im Glashaus sitze und weil zum anderen genug Druck von außen kommt. Zum Beispiel in Form von …

## … Müttern, die perfekte, alles essende Kinder großziehen und es daher besser wissen als ich

Tatsächlich entrüstete sich mal solch eine Mutter nach dem Kleinkind-Schwimmkurs vor mir, dass ich meinem Baby ja FAST FOOD zu essen gäbe und ob ich mich dafür nicht schämen würde! Bei dem von ihr als FAST FOOD bezeichneten Leckerchen handelte es sich um ein Obstgläschen einer Bio-Marke, sodass ich mich vor Lachen darüber fast eingenässt hätte … unnötig zu erwähnen, dass wir keine Freundinnen wurden. Klar, sie war flammende Verfechterin von selbst gekochten Stückchen und daher empört ob meiner Faulheit. Allerdings hatte ich keine Lust, sie darüber aufzuklären, dass mein Kind nun mal nichts anderes mochte, ich alles probiert hatte und wir beide mit dieser absolut brauchbaren Lösung vollkommen zufrieden waren. Obstgläschen zu verfüttern ist genauso legitim, wie die Flasche zu geben. WIR DÜRFEN

DAS UND ES SCHADET UNSEREN KINDERN NICHT! Und: Wir müssen uns nicht vor jeder unseren Weg kreuzenden Super-Mum rechtfertigen. BÄM! Ist einfach so!

### … Brotdosen, die aussehen, als wären sie von einem Künstler designt worden

Ich weiß natürlich nicht, wie alt DU bist, aber als ICH zur Schule gegangen bin, gab es im HÖCHSTFALL ein geschmiertes Brot in einer Papiertüte. Mit Leberwurst oder Scheiblettenkäse. *That's it*! Mehr gab's nicht. Irgendwann hatte ich ein paar D-Mark dabei, um mir ein Frikadellen-Brötchen zu holen. Oder Chips. Meist waren es Chips. Aber nie im Leben hatte ich eine Brotdose mit verschiedenen Fächern dabei, die ein komplettes Menü mit Vorspeise, Hauptgang und Nachtisch enthielt. So was gab es gar nicht. Meine Mutter hätte mir was gehustet, wenn ich gesagt hätte, ich möchte so was bitte haben. Dafür hatte sie keine Zeit. Und auch keinen Nerv. ICH hingegen muss mich mit dieser Brotdosen-Nummer täglich auseinandersetzen. Mit dem kleinen Extra on top, dass meine Kinder auf eine nussfreie Schule gehen. Soll heißen: An dieser Schule gibt es Kinder, die so stark allergisch auf Nüsse reagieren, dass das Lehrpersonal entsprechend geschult wurde und ALLE Kinder Brotdosen ohne nusshaltige Lebensmittel mitbringen. Ich muss sagen … mit Kids, die eh kaum was essen, ist das kein Spaß! Und es macht mich wirklich sauer, wenn ich daran denke, dass wir es bereits erleben mussten, dass Lehrkräfte die Brotdosen-Inhalte eines Kindes vor der versammelten Klasse bewertet und schlecht gemacht haben, was – ungelogen – BROTDOSEN-MOBBING nach sich zog. Ganz ehrlich: So was kann man sich nicht ausdenken. Trotzdem möchte ich natürlich niemandem die Freude daran verderben, dem eigenen Nachwuchs in stundenlanger Detailarbeit wunderschöne Brotdosen zu gestalten und in die Schule mitzugeben. Wenn jemand Zeit dafür und Bock darauf hat, ist das megaschön. Ich gehöre allerdings nicht dazu. Meine Kinder werden es überleben.

**… Unverträglichkeiten jeglicher Art plus religiöse oder frei entschiedene Ernährungs-Besonderheiten**

Als Letztes muss beim Thema Kinderernährung zumindest kurz erwähnt werden, dass ja auch noch verschiedenste Besonderheiten aus gesundheitlicher Perspektive mit reinspielen und die Entspanntheit rauben können. Im eigenen Haushalt, aber besonders auch im Zusammenspiel von sehr vielen Bedürfnissen wie vielleicht in einer Kindergeburtstags-Situation. Wir hatten bereits das Vergnügen, jahrelang mit einer Histamin-Intoleranz herumzudoktern, was schon extrem anstrengend war, aber garantiert easy von anderen Unverträglichkeiten und Allergien zu toppen ist. Als Eltern rückt man überall mit Zettelchen oder zumindest Info-Sätzen an, was der eigene Nachwuchs nicht essen kann oder soll. Und von anderer Seite gilt das unbedingt und unkommentiert beachtet und respektiert zu werden. Das ist so, so wichtig! Essen bzw. die Ernährung ist bei so vielen Menschen Besonderheiten oder Regeln unterworfen, egal ob gesundheitlich verwurzelt, instinktiv begründet oder frei gewählt aus Überzeugung.

**FAZIT**

Fakt ist: Essen ist persönlich. Immer. Auch schon bei den Kleinsten. Und DAS sollten wir immer im Bewusstsein haben.

# »SCHICK« ESSEN GEHEN MIT KIND – NEIN, DANKE!

## Wie ich eine Zukunftsfantasie zeichnete

Kennst du diese Paare, die noch während der Schwangerschaft laut und wiederholt vor Freunden verkünden, dass sie ihr Leben NICHT all den Bedürfnissen und Befindlichkeiten des Babys unterordnen werden, weil ja das Kind hinzukommt und sich deshalb in das bereits bestehende Leben der Eltern einfinden sollte? Ich liebe es ganz doll, wenn ich so was höre, und muss jedes Mal ernsthaft an mich halten, um nicht lauthals loszulachen oder zumindest den leicht hysterisch klingenden Gluckser wieder runterschlucken, bevor er meine Lippen passiert. Ich dachte vor der Mutterschaft nicht genauso, war aber ehrlich gesagt nicht weit weg von solchen Gedanken. Wahrscheinlich ist es sogar ganz normal, dass man sich überhaupt nicht vorstellen kann, wie sehr ein Kind das Leben verändert, bevor man tatsächlich bis zum Hals in vollgeschissenen Windeln steckt und so müde ist, dass das Gehirn nur noch auf Autopilot läuft. Klar: Ausnahmen bestätigen die Regel, wie immer, aber ich kenne echt hauptsächlich Eltern, und vor allem Mütter, deren Gesichter sich AUGENBLICKLICH zu einem fast diabolisch wissenden Grinsen verziehen, wenn eine zum ersten Mal Schwangere in ihrer Nähe sagt: »Wo soll denn das Problem sein? Man kann Säuglinge doch einfach überallhin mitnehmen (die machen schließlich noch gar nichts), Kleinkindern eben was zum Malen einpacken, wenn sie mal länger still sitzen sollen, und größere Kids hat man ja dann bereits so gut erzogen, dass sie sich ‚benehmen' können.« Letzteres find ich so krass lustig ... Ich glaube, ich lasse es mir auf ein T-Shirt drucken!

Gemeint sind bei solchen Aussagen zum Beispiel die Restaurantbesuche, die man als Paar OHNE Nachwuchs oftmals sehr liebt, weil es so schön entspannend ist, sich in nettem Ambiente von köstlicher Küche, die man nicht selbst auf die Teller zaubern muss, verwöhnen zu lassen. Und die man deshalb natürlich auch zukünftig mit Kind nicht missen möchte. Ganz ehrlich: Ich fühle und verstehe den Gedanken zutiefst – aus meiner eigenen Erinnerung heraus. Genauso wie den leicht verurteilenden Blick, der Familien in Restaurants von anderen Erwachsenen zugeworfen wird, die (noch) keinen kleinen Racker an ihrem Tisch sitzen haben, wenn Mutti ein Tablet auspackt und das Kind, während die Eltern noch essen, irgendeine Serie gucken lässt. Ich verstehe DIESE Blicke, obwohl ich sie natürlich aus meiner jetzigen Perspektive null leiden kann. ABER ehrlich gesagt kann ich mich sehr gut dran erinnern, mit erstmals rundem Bauch neben meinem Mann an einem kleinen Tisch bei unserem damaligen Lieblingsitaliener gesessen zu haben, voller Überzeugung, dass sich in Bezug auf Restaurantbesuche nichts ändern würde, außer dass wir eben in Zukunft zu dritt dort säßen ... ganz in Ruhe, einfach so, ohne Geflimmer vor den Kinderaugen (Diese Ruhigstellung durch Medien hätten wir ja garantiert nicht nötig!), sondern maximal mit EINEM kleinen Spielzeug zur Ablenkung. Wir würden uns weiterhin, trotz Baby oder (Klein-)Kind, Restaurantbesuche gönnen und sie genießen, nette Gespräche führen und dabei lustige Fotos vom Nachwuchs mit Pizza im Gesicht machen ... oder so ähnlich. Warum auch nicht?, dachte ich!

## Wie meine Zukunftsfantasie das Los einer Seifenblase teilte

Tja, warum auch nicht?, dachte ich also damals. Was soll ich sagen ... aus heutiger Sicht? Es GIBT lustige Fotos von Restaurantbesuchen. Vorausgesetzt, man kann über Fotos von Müttern lachen, die in einer hübschen Location im STEHEN essen, mit einem Baby in der Trage und einer Serviette auf dem Köpfchen des Sprosses, damit man anschließend nicht in den Genuss kommt, die feinen Härchen von Soßenmatsch zu befreien. Natürlich gibt's auch wirklich witzige Fotos von den Kindern ... aus verschiedenen Jahren ... vor nackten Nudeln in eigentlich verhältnismäßig schicken Restaurants, in denen sie aber nichts von der Karte mochten, weswegen ich dann beim Personal um »nackte Nudeln« betteln musste. In der richtigen Form wohlgemerkt! Wir kennen das alle!

ABER wirklich viele Fotos gibt's nicht aus solchen Situationen, und das will was heißen bei jemandem wie mir. Ich fotografiere schließlich alles, immer und überall. Nur während des Essengehens ... ey, ganz ehrlich: Da kam ich kaum dazu, sofern wir dieses Abenteuer denn überhaupt wagten!

Das Ding ist: Es mag diese Kinder wohl geben, die wie oben beschrieben als Baby einfach stundenlang in einem Wagen pennen, als Kleinkind in Seelenruhe plakatgroße Bilder malen und als größeres Kind mit geradem Rücken am Tisch sitzen und brav den Gesprächen der Eltern lauschen. Ich habe mir glaubhaft versichern lassen (von anderen Menschen), dass es sie gibt! Allerdings nicht in meiner Familie. Und da es hier ja um MEINE Wahrheiten geht, erzähle ich einfach mal ganz kurz von einem UNSERER Restaurant-Erlebnisse ... nur so als kleines Beispiel:

Ich glaube, das Söhnchen war damals fast vier Jahre alt und die Tochter fast sieben Jahre. Wir waren mit Freunden und deren beiden Kindern (etwas älter als unsere) verabredet zum Essen. Ich versuchte, meine erfahrungsbasierten Vorbehalte beiseitezuschieben, weil ich einfach Lust auf Souflaki hatte. Und auf Gespräche mit Erwachsenen. Und darauf, im Anschluss ans Essen nichts in die Spülmaschine einräumen zu müssen. Ich hatte einfach richtig Bock auf so einen klassischen Restaurantbesuch mit Freunden. Wir wählten ein Lokal, von dem wir ahnten, dass es nicht zu »etepetete« wäre, reservierten einen Tisch, fielen pünktlich mit acht Leuten dort ein, und sofort ging es los:

Noch während wir eigentlich die bereits hungrigen und logischerweise aufgeregten Kinder aus den Jacken pellten, musste eines aufs Klo. Groß. Logisch. Warum auch nicht? Es macht schließlich Sinn, erst einmal Platz zu schaffen für neues Essen. Und welche Mutter liebt es nicht, durch ein Etablissement, in dem noch vierzig bis fünfzig andere Menschen sitzen, den Ruf des eigenen Nachwuchses – durch mehrere offen gelassene Türen – verlauten zu hören: »Mama, bitte abputzen!« (So was verhindert man normalerweise ja durch direkte Anwesenheit in der Toilettenkabine, diesmal jedoch waren beide Elternteile irgendwie abgelenkt und hatten daher den Start des ansonsten natürlich sehr geliebten Eltern-Momentes verpasst.) Ich eilte dem Kind zu Hilfe, nachdem ich dem Mann meinen eigenen Mantel einfach in die Arme geworfen hatte, und war somit schon schweißgebadet, als wir an unserem Tisch Platz nahmen. Fantastisch! Nun versuchten wir, eine leicht überforderte Kellnerin vorsichtig mit den Getränkewünschen von vier unterschiedlich alten Kindern vertraut zu machen, die abhängig von der Bestellung ihrer Freunde die eigene jeweils dringend noch mal überdenken mussten – flankiert von ersten Paniktränen, vielleicht das falsche Getränk geordert zu haben oder (GOTT BEWAHRE!) keine Eiswürfel oder keinen Strohhalm ODER einen Strohhalm in der falschen Farbe im Glas vorzufinden.

Die Kellnerin sah nach 5 Minuten an unserem Tisch exakt genauso aus, wie ich nach der vorangegangenen Klo-Situation im Restaurant, was irgendwie eine Verbundenheit auslöste … allerdings nur in eine Richtung, und zwar von mir zu ihr, wie ich ihrem Blick entnahm. Verständlicherweise floh sie zur Theke, sobald sie konnte, um dann auch schnell bei uns »abzuliefern«. Währenddessen kümmerten wir uns um das Thema »Gerichte auswählen«. Im Grunde lief es gar nicht viel anders als das Bestellen der Getränke. Nur halt mit deutlich mehr Gefahrenquellen. Es mussten wichtige Fragen aus der Kategorie: »In welcher Form sind die Pommes wohl geschnitten, sind sie mit oder ohne Schale (möglicherweise in mikroskopisch kleinen Flecken erkennbar) und ähneln sie in puncto Dicke denen vom goldenen M oder denen aus Mamas Heißluft-Fritteuse?« Ich denke, ich muss nicht betonen, wie glücklich die Kellnerin war, als sie unsere Bestellung irgendwann endlich komplett auf dem Zettel hatte und unseren Tisch verlassen durfte. Da halfen auch meine wiederholten Entschuldigungen für das Chaos nicht.

Und dann begann der Part, den ich persönlich als Mutter am meisten hasse bei Restaurantbesuchen: das Warten aufs Essen. Schlimmer als vor Weihnachten fragten die Kinder gefühlt alle 30 Sekunden, wann denn endlich das Essen käme, weil sie GARANTIERT jetzt gleich sofort den Hungertod sterben würden … und es im Bauch schon gefährlich gluckerte, weil längst das komplette Getränk hineingefunden hatte … abzüglich der aus Versehen auf dem Tisch entstandenen Lache. Alle mitgebrachten Spiele und »Ablenkungs-Elemente«, die ich als Mutter aus einem von MacGyver gefüllten Wanderrucksack (so kommt's mir jedenfalls immer vor) hervorzaubern konnte, waren krass langweilig, sodass alle Eltern irgendwann der gewünschten Entdeckungstour (ohne Anfassen, Mama, WIRKLICH!) zustimmten, um mal 2 Minuten Ruhe zu haben und vielleicht einen ganzen Satz loszuwerden, bevor die Schlacht am Tisch losginge, sobald die Pommes draufständen.

Aus der angekündigten Entdeckungstour wurde allerdings ratzfatz eine kleine Zirkus-Vorstellung. Wie sollte es anders sein? Plötzlich sah ich aus dem Augenwinkel, wie meine Tochter zum Radschlag im Eingangsbereich des Restaurants ansetzte … zu spät, um sie noch aufzuhalten. Ich flüsterbrüllte (das können alle Mütter perfekt!) ihr entgegen, sie solle das sofort unterlassen und mit allen anderen an den Tisch zurückkehren, woraufhin sie zuckersüß lachend zurückgab (nur gebrüllt, nicht geflüstert): »Nur noch einmal, Mama!« Und da waren ihre Beine schon in der Luft.

Ich war so was von komplett durch, lange bevor mein Souflaki vor meiner Nase stand. Mein Mann fand die Gesamtsituation auch stressig bis doof, ABER er war im Gegensatz zu mir dennoch in der Lage, sich zu unterhalten und sein Gericht verhältnismäßig in Ruhe zu verspeisen, während ich halb auf dem Tisch lag, um gleichzeitig irgendwelche Lebensmittel für zwei Kinder zu sezieren, Gläser zu fangen, Tränen zu trocknen und MEIN Essen zu teilen. Nur beim Zustand des Bodens unter dem Tisch war ich emotional raus. Dafür entschuldigte ich mich einfach anschließend verbal bei der netten Kellnerin und drückte ihr ein weiteres Trinkgeld in die Hand. Auch heute noch bin ich ihr dankbar dafür, dass ihr Lächeln bei der Verabschiedung ehrlich wirkte!

Ich kann kaum in Worte fassen, wie froh ich war, als wir endlich den Laden verlassen hatten … ungefähr 20 Sekunden nachdem die letzten Pommes aufgegessen waren, denn dann war es natürlich UMGEHEND so UNMENSCHLICH langweilig, dass nur die Flucht nach vorn bzw. nach draußen als Option galt. Die ganze Nummer war ein komplettes Desaster gewesen und ich wusste sofort: DAS würde ich so schnell nicht noch einmal machen. Scheiß auf leckeren Souflaki … ich kann ohne leben, dachte ich!

Und tatsächlich sind wir danach lange nicht mehr »aus« gewesen, allerdings lag das nicht nur an unserem fehlenden Mut, sondern auch an der Pandemie. Mittlerweile sind die Kids größer, und man kann es ehrlich wagen. Ich hab immer noch nicht ständig Bock drauf, weil beide Kinder die Warterei nur mit einem iPad vor der Nase ertragen, wofür wir dann doofe Blicke ernten. Aber DAS ist mir mittlerweile egal. Ich weiß ja längst: Denjenigen, die über uns die Nase rümpfen, fehlt es schlicht an den herzerwärmenden Erfahrungswerten mit Kindern in Restaurants, auf die WIR bereits zur Genüge zurückgreifen können. Welch ein Fest!

## Meine Lösungsansätze

Ich nenne das jetzt mal Lösungsansatz, aber tatsächlich habe ich ja bereits zugegeben: Wir haben ganz lang einfach gekniffen. Ich habe mich GEWEIGERT, mit den Kindern essen zu gehen. Da ich nämlich leider nicht über das unfassbar entspannende (also für ihn entspannende) Talent meines Mannes verfüge, Erlebtes schnell mit einem Zauberschleier der rosaroten Erinnerung zu versehen, konnte ich einfach nicht vergessen, wie stressig das Drumherum, wie kalt mein Essen und wie überdreht oder durchgeknallt (natürlich extrem liebevoll gemeint) die Kinder im Endeffekt gewesen waren. ABER was definitiv auch hilft, ist: ein Restaurant mit gesichertem Außenbereich ODER gar Spielplatz auszusuchen, denn dann hat man tatsächlich eine Chance, dass es nett wird ... nicht lang, aber zumindest ausreichend, um in Ruhe zu kauen. Insgesamt macht es Sinn, den Fokus auf die Familienfreundlichkeit des Restaurants zu legen, selbst wenn man deshalb eventuell (nicht zwingend) in einem anderen Bereich Abstriche machen muss. Aber ganz ehrlich: Das ist es wert, wenn man dafür sitzen darf, bis man aufgegessen hat, und nicht die ganze Zeit unter Blicken anderer brodelt, die einem ein mieses Gefühl geben. Und am wichtigsten ist meiner Meinung nach, die Ansprüche etwas runterzuschrauben. Die Ansprüche an die Kinder, an sich selbst und an die Gesamtsituation. Das hilft enorm, einen Restaurantbesuch mit Kindern zu genießen, OBWOHL es bestimmt ganz anders läuft als früher.

### FAZIT

Bei Restaurantbesuchen mit Kindern gilt klar das Motto »Mut zur Lücke« … Dann klappt's … irgendwie!

# KINDERKURSE BESUCHEN – KANN MAN MACHEN, KANN MAN ABER AUCH LASSEN

## Wie ich mir die Sache vorgestellt habe

Schon lustig, über was man sich, während man hochschwanger auf der Couch sitzend die zweite Tüte Chips des Tages inhaliert, Gedanken macht. Ich hatte in der ersten Schwangerschaft echt viel Zeit für so was. Also für Sitzen und Essen (hat man übrigens auch auf der Waage gesehen) … In der zweiten nicht mehr, denn da hatte ich ja bereits ein Kleinkind. Eine Information, die allerdings nicht an die Waage weitergeleitet wurde, denn in der zweiten Schwangerschaft habe ich fast genauso viel zugenommen wie in der ersten – meiner Meinung nach VÖLLIG GRUNDLOS und daher SCHLICHT UNHÖFLICH VON MEINEM KÖRPER!

Egal, ich wollte eigentlich was anderes erzählen. Nämlich, dass ich hochschwanger auf der Couch sitzend und kauend darüber sinnierte, welche Talente und Ambitionen mein Kind wohl haben würde und wie ich diese herauskitzeln oder gar fördern könnte. Logischerweise mit viel cleverer Aufmerksamkeit meinerseits, aber auch »weiterbildende« Kurse sollten Teil unseres Alltags sein. So Baby- und Kinderkurse halt. Nicht zuletzt, weil ich Zwergnase erst mit ungefähr drei in eine Kindertagesstätte packen wollte, mir aber durchaus bewusst war, dass Sozialkontakte auch in diesen jungen Jahren eine Relevanz für die kindliche Entwicklung haben. Also, Kita brauchte ich erst mal nicht (ich sage bewusst »brauchte«, weil es beruflich für mich ohne externe Betreuung ging), aber andere Kinder ... die würden wir dennoch brauchen.

Und ICH wünschte mir von Herzen Kontakt zu anderen Müttern! Zum Austausch pädagogischer Problemstellungen und -lösungen auf Augenhöhe, zum gemeinsamen Lachen und zum Zusammen-müde-Sein. Einfach um Freundschaften zu knüpfen, die mich durch die ersten Jahre begleiten würden. Vielleicht sogar länger. Diese Baby- und Kinderkurse, von denen ich schon so viel gehört und gelesen hatte, während ich da auf der Couch rumsaß, waren schnell zu einer festen Größe in meinem Mama-Plan geworden. Schwangerschaftskurse hingegen – ausgenommen der gefühlt unumgängliche Geburtsvorbereitungs-Crash-Kurs mit meinem Gatten – fanden in meinem Plan null statt. Da trieb mich nichts hin. Alle Ambitionen, vielleicht mal so was wie Schwangerschafts-Yoga oder so auszuprobieren, waren förmlich nicht existent ... Unsere Couch war damals schlicht zu gemütlich. Ich meine, mein Po hatte darin eine Kuhle, die sich ohne Po sehr wahrscheinlich schrecklich leer gefühlt hätte! Unverantwortlich also, sie zu verlassen.

Mein Masterplan zum Start in die Mutterschaft sah also wie folgt aus: Spätestens nach dem Wochenbett wollte ich einen PEKiP-Babykurs besuchen und kurze Zeit danach das Unterhaltungs- und Bildungsprogramm mit Babyschwimmen »aufstocken«. Alles Weitere würde sich dann bestimmt ganz von allein ergeben, wenn ich dort Freundinnen gefunden hätte, die garantiert ebenfalls Kurse buchen und mich damit inspirieren würden.

Im Laufe der Jahre dürfte der Nachwuchs dann verschiedene Musikinstrumente ausprobieren, vielleicht Ballett anfangen, Fußball spielen oder irgendeinen Kampfsport ... was auch immer gerade gewünscht würde. Hauptsache irgendwas, denn die Möglichkeiten, die heutzutage für Kinder geboten werden, sind so vielfältig ... Sie nicht zu nutzen, wäre schier frevelhaft. Aber zu viel sollte es natürlich auch nicht werden. Kinder müssen einfach Kinder sein dürfen. Sie benötigen Raum, sich zu langweilen, weil da nun mal die besten Ideen entstehen. Und ich wollte auch niemals eine dieser Mütter werden, die die ganze Woche als eine Art persönliche Assistentin und Chauffeurin ihres Nachwuchses von A nach B hetzt. Ich wollte die goldene Mitte. Und die wollte ich genießen, indem ich als stolze Mutter am Rand stehe oder sitze (lieber sitze) und meinem Spross zujuble, bei was auch immer da gerade gemacht, gelernt, ausgelebt wird. SO SOLLTE ES SEIN!

## Wie es lange dann TATSÄCHLICH lief, aber natürlich nicht zwingend laufen muss

Ja, also ... was soll ich sagen? Es lief anders, als ich es mir vorgestellt hatte. SO hätte ich dieses Buch auch nennen können, denn anders, als ich es mir vorgestellt hatte, lief schließlich eine ganze Menge. Das mit den Kursen und den Kontakten darüber wahrscheinlich auch deshalb, weil ich vor der Mutterschaft einfach keine Vorstellung davon hatte, wie sehr mich das plötzliche Mamasein in meinen Grundfesten erschüttern würde. Das klingt übertrieben, aber ist es gar nicht. Denn unabhängig davon, wie selbstbewusst und gestanden ich als Frau zu diesem Zeitpunkt vielleicht schon war ... als Mutter war ich es nicht. Umso wichtiger wären schöne Kurserfahrungen für das frische Baby und die genauso frische Mama gewesen, allerdings war ich stattdessen nach einigen Wochen an dem Punkt, dass ICH SO SEHR KEINEN BOCK auf den vermaledeiten PEKiP-Kurs hatte wie zuletzt auf Physik in der Oberstufe. Mein Baby fand's so weit nett, nackig in einem warmen Raum zu liegen und Musik zu hören, aber ICH litt unter dem doofen, in meinen Ohren durchgehend überheblich klingenden Geschwafel der anderen Muttis in besagtem, mir in Klamotten natürlich viel zu heißen Raum. Dieses GETUE, wessen Baby sich nun schon dreht und damit sozusagen bereits halb den Studiengang zum Ingenieur abgeschlossen hat, stieß mir genauso bitter auf wie die Angeberei derer, die einfach ALLES selbst machten – die Dinkelstangen als Knabberei für die zahnlosen Geschöpfe, die kunterbunten Bio-Wolle-Klamöttchen, die gefilzten Pantöffelchen, die natürlich krass viel wärmer und besser und gesünder und was auch immer waren als die gekauften. Außerdem schliefen alle anderen Kinder logischerweise wie 'ne Eins – abgesehen von meinem, was aber klar an mir lag. Weil ich nachts zu viel oder zu wenig stillte, das Zimmer womöglich nicht genug abdunkelte (FÜR WIE DUMM HIELTEN DIE MICH EIGENTLICH!) oder eben weil ich das Breichen am Abend, das mir entgegengespuckt wurde, zu früh oder zu spät gab und ja eh nicht selbst gekocht hatte. PFUI!

»Nun geh doch einfach nicht mehr hin!«, riet mir mein Mann irgendwann, aber ich ging, weil ich den Kurs doch schließlich bezahlt hatte (Voll das Sozialisierungsding, oder?) und die Hoffnung nicht aufgeben wollte, dass irgendwann doch noch meine zukünftige, neue beste Freundin zum gemeinsamen Schwitzen bei babyfreundlichen Klängen den Laden betreten würde. Sie kam nicht. Und ich war so richtig *pissed*.

Das Babyschwimmen lief etwas besser. Dort ... halb nackt, komplett fertig mit den Nerven von der Gesamtsituation, entweder triefend vor Schweiß wegen noch krasserer Hitze als beim PEKiP oder schlotternd vor Kälte, wenn mal wieder die Heizung ausgefallen war, in einen hässlichen Badeanzug »geschossen«, fand ich die ersten Mütter, die nicht auf mich herabblickten, sondern genauso wie ich auf der Suche nach netten Kontakten zum Spazierengehen waren. Und mein Töchterchen liebte diesen Kurs so enorm, dass wir ihn durchzogen, bis das Schwimmbad leider geschlossen wurde und ich bereits schwanger mit dem zweiten Sprössling war. Babyschwimmen war bei mir eine Hass-Liebe … und rückblickend einer der besten Kurse.

Als das zweite Mäuschen auf der Welt war, fand ich endlich DEN Babykurs für uns. Voller wunderbarer Mütter und mit einer Kursleiterin, die ich so gernhatte, dass ich sie als Freundin behielt … und auch heute noch anrufe, wenn ich mit meinem pädagogischen Latein am Ende bin. Ja, ich habe mir so eine Erfahrung früher gewünscht, aber ich bin dankbar, dass ich sie überhaupt machen durfte. Gut, dass ich nie die Suche aufgab, trotz so vieler Fails, die ich mir in den ersten Jahren angeschaut und zum Teil grummelnd durchgezogen habe. Wie zum Beispiel das Kleinkind-Turnen, bei dem MEIN Kind immer das war, das nicht den tollen Parcours zum Klettern genutzt hat, sondern mittendrin saß und Bälle abgeleckt hat. Na ja, sie hatte ihren Spaß, und das war das Wichtigste! 😂

## Was ich bisher vermieden habe

Im Grunde bin ich absolut aufgeschlossen und möchte meinen Kindern alle Möglichkeiten bieten, sich auszuprobieren und eigene Fähigkeiten zu entdecken. Allerdings gibt es da »Themenbereiche«, die ich sozusagen unkommuniziert lasse, weil ICH einfach keine Lust dazu habe. Ich miese Mutter hätte mal beinahe am Rosenmontagszug einer Fremden vors Schienbein getreten, weil sie kurz davor war, meiner Tochter zu stecken, dass man natürlich auch selbst ein Funkenmariechen werden könne! Oh nein, DAS möchte ich nicht! GENAUSO WENIG habe ich mich bisher dazu durchgerungen, eines der Kinder bei etwas anzumelden, das neben mehreren Trainingstagen IN der Woche, zusätzlich unsere

Wochenenden komplett besetzen würde. Und auch in Sachen Musikerziehung beschränken wir uns aktuell ehrlich gesagt noch auf die schulischen Angebote sowie das Hören von sämtlichen Musikrichtungen, weil bisher (glücklicherweise) niemand danach gefragt hat und ich gleichzeitig niemanden mit der Nase darauf stoßen möchte, dass man ja Geige oder Trompete oder Querflöte lernen könnte. Aber wenn eines der Kinder Interesse entwickelt – ICH SCHWÖRE – werde ich mich natürlich darum kümmern. Logo.

Gelernt haben die beiden Scherzkekse aber dennoch schon eine ganze Menge!

## Meine Kinder haben (unter anderem) bisher in Kursen gelernt …

- dass sie Schwimmen und Tauchen und schlicht alles, was mit Wasser zusammenhängt, wirklich doll lieben! (Wenn jemand auch ein bisschen Respekt vor dem kühlen Nass gelernt hätte und nicht mehr gefühlt in jede »Wasserstelle«, unabhängig von Situation und Außentemperatur, springen würde, wäre das auch schön gewesen, aber man kann halt nicht alles haben.)
- dass Ballett-Outfits voll cool sind, aber regelmäßiges Zum-Training-Hingehen hart nervt.
- dass Kampf- und Selbstverteidigungssport-Outfits voll cool sind, aber regelmäßiges Zum-Training-Hingehen hart nervt.
- dass Bodenturnen voll Spaß macht, aber nicht jeder Körper dafür gemacht ist.
- dass man Blockflöte-Spielen gar nicht an einem Tag lernen kann. Was für ein Kack!
- dass Hockeyspielen der Hammer ist und Mama wirklich laut schreien und es gleichzeitig »liebevoll anfeuern« nennen kann.

- dass ein bisschen Theaterspielen in der Schule vielleicht doch nicht dasselbe ist wie ein richtiger Schauspielkurs.

Und ICH habe gelernt, dass Kinder eine Menge ausprobieren wollen, man sie aber am besten nicht direkt anmeldet, sondern erst mal verschiedene Probestunden absolviert und Ideen sacken lässt. Das spart enorm Kohle und Nerven, denn wenn man die Rennerei von einem Termin zum anderen schon anstrengend findet, dann potenziert sich das noch mal ganz enorm, wenn vorher endlos diskutiert, gejammert und je nach Alter auch geweint wird, weil einer der Beteiligten (manchmal auch die Mama) einfach keine Motivation mehr für den Kurs hat. Kommt vor … und nach ein paar gesammelten Erfahrungswerten in dieser Richtung schließe ich keine Jahresverträge mehr ab. Echt. Null! Wenn es nur im Jahresvertrag geht, dann eben nicht. Kinder ändern ihre Meinung schneller als ihre Schuhgröße – und das will was heißen –, haben meines Erachtens aber auch das Recht dazu, weil es ja genau darum geht:

Rausfinden, was man kann und mag … und was nicht. Natürlich gehört auch »Dranbleiben« dazu, aber nicht auf Biegen und Brechen. Besonders bei ganz kleinen Mäusen nicht. Finde ich zumindest.

### FAZIT

Mein Tipp zum Thema Kurse lautet: Wirklich gut überlegen, was man selbst oder der Spross machen möchte, Probestunden nutzen und ehrlich sacken lassen, bevor irgendein längerfristiger Vertrag unterschrieben bzw. ein Kurs gebucht wird, den man dann monatelang am Bein hat.

# JAHRESZEITENSPEZIFISCHES LEBEN MIT KINDERN – ÜBERRASCHEND ABWECHSLUNGSREICH

## Worüber ich mir vor der Mutterschaft null Gedanken gemacht habe

Ob die verschiedenen Jahreszeiten irgendeinen Einfluss auf mein Leben bzw. meinen Alltag als Mama haben würden … daran habe ich KEINEN EINZIGEN GEDANKEN verschwendet! Warum denn auch? Klar, die Monate des Frühlings und Sommers wären die, in denen man mit dem Nachwuchs viel, viel Zeit draußen verbringen würde – bei Spaziergängen, Ausflügen und auf Spielplätzen, lachend zusammenstehend mit anderen Müttern und am frühen Abend vielleicht noch mit einem NATÜRLICH alkoholfreien Drink auf den wundervollen Tag anstoßend; und die Monate des Herbstes und des Winters wären dann jene, in denen man mehr drinnen sein würde, gemütlich auf der Couch unter einer Decke sitzend und Bücher lesend zum Beispiel. Oder bastelnd. Beides klang in meinen Noch-nicht-Mama-Ohren wirklich fantastisch angenehm … und ich hatte keinen Schimmer, dass ich damit möglicherweise einer leicht (ich untertreibe) romantisierten Version meiner später gelebten Wahrheit aufsaß.

Aber wie sollte es auch anders sein? Ich hatte damals halt noch keine Kinder und damit eben auch keine Vorstellung davon, dass die Jahreszeiten tatsächlich einen durchaus erheblichen Einfluss auf das Leben mit Kindern haben können … und damit meine ich nicht mal die vermaledeite Umstellerei von Sommer- auf Winterzeit und wieder zurück, was für Eltern ja »gern« mal einen Super-GAU bedeutet. Auch DAVON hatte ich keine Ahnung. Obwohl ich rückblickend durchaus finde: Zumindest darauf hätte ich schon selbst kommen können, weil es meinen Bio- und Schlafrhythmus von Kindheit an immer hart aus der Bahn geworfen hat, wenn man plötzlich eine Stunde geschenkt oder geklaut bekam. Ich hätte den Transfer theoretisch schaffen können, dass sich auch andere Kinder davon ungünstig beeinflussen ließen und dass das wiederum auch Einfluss auf deren Eltern haben würde. Hab ich aber nicht, weil's eben noch nicht meine Baustelle war. Ist ja auch voll okay … wo bliebe denn die Überraschung, wenn wir alles schon vorher wüssten. DAS wäre wohl megalangweilig!

## Wie die Jahreszeiten meinen Alltag als Mama beeinflusst haben und NOCH IMMER beeinflussen

Ich glaube, im allerersten Jahr meiner Mutterschaft, als unser Töchterchen uns gerade frisch zu einer Familie gemacht hatte, hab ich es noch gar nicht so sehr gemerkt, dass das Leben mit Kindern in Frühling und Sommer tatsächlich anders ist, als in Herbst und Winter … mal von den Temperaturen abgesehen, die aber ja nun alle mehr oder weniger beeinflussen. Mit Kindern hängt aber noch ein Rattenschwanz dran. Wie immer! Egal bei welchem Thema! Ich versuche es hier mal ein bisschen aufzudröseln, was ich meine. Und natürlich ist mir bewusst, dass es andere Mütter vielleicht anders erleben. Gerade meine eventuell gleich etwas durchschimmernde Antipathie der

Herbst-Winter-Zeit gegenüber. Ich bin einfach ein Sommertyp. Da lässt sich nicht dran rütteln. DENNOCH sehe ich selbst daran mittlerweile – dank meiner Erfahrungen mit den Kindern – so ein paar Schattenseiten.

**Frühling/Sommer mit Kindern im Baby- und Kleinkindalter**

Was ich doll, doll liebte an den Sommermonaten mit kleinen Mäusen, waren ganz klar die zauberhaften Klamöttchen, der leicht schwitzige Babyspeck, die ersten matschigen Erfahrungen mit Eis (die wir natürlich komplett auf Film gebannt haben), die Ausflüge (schon ähnlich wie erwartet) und das Schwimmengehen, solange die Zwerge noch nicht (weg-)laufen konnten. Und ja, auch die ersten Besuche auf dem Wasser- bzw. Matschspielplatz fand ich von Herzen schön, weil es so niedlich war, wie die kleinen Flöhe sich von oben bis unten mit Schlamm einsauten, es aber halt so krass liebten, dass man sich mitfreuen MUSSTE.

Die andere Seite der Medaille waren Sonnencreme-Schlieren auf allen Fußböden in der Wohnung, die auch gar nicht gut wieder weggingen, weil die frisch eingecremten Kinder wegkrabbelten und alles verteilten. Und aus dem schnuckeligen, leicht schwitzigen Babyspeck wurde schnell mal ein weinendes Mäuschen, das mit den hohen Temperaturen (In unserer Wohnung steht die Hitze leider schnell mal ein paar Tage.) überhaupt nicht gut klarkam. Beide Kinder schliefen als Minis schlechter ein, wenn es ihnen zu heiß wurde, und so gab es weniger Ruhepausen für alle. Ergo: Nicht nur der Nachwuchs war müde *like hell*, sondern Mama auch.

Zudem war ich eine Mama mit Traglingen, soll heißen: Beide Kinder waren lieber in der Trage oder dem Tragetuch, anstatt im Kinderwagen unterwegs. Ich hab also geschwitzt wie ein Stier mit meinen Glühwürmchen vor dem Bauch … gefühlt jahrelang am Stück.

Und was soll ich sagen? Diese Nummer mit dem Matsch auf dem Wasserspielplatz (übrigens aufgrund unserer Wohnecke DER Spielplatz für uns) ist ja MAL ganz lustig, aber nicht mehr, wenn man JEDEN Abend Kinder nach Hause bringt, die aussehen, als kämen sie gerade zurück von ihrem Trip zum Schicksalsberg, und deshalb JEDEN Abend eine Dusch-Orgie mit allem Zipp und Zapp vom Zaun brechen muss. Und da hab ich noch nichts vom Wäscheberg erzählt!

### Herbst/Winter mit Kindern im Baby- und Kleinkindalter

Die Winterzeit habe ich mir immer besonders kuschelig vorgestellt, was mit kleinen Babys sogar wirklich so sein kann, mit Kleinkindern allerdings ... tja, wird es etwas anstrengend. Die Zwerge brauchen schließlich noch viel Zutun von Mama, weil sie sich noch nicht so viel allein, zum Beispiel mit Bastelarbeiten oder Spielen, beschäftigen können. Allein machen sie insgesamt noch nicht so viel – und Mama ist dann (vor allem sofern keine Geschwisterkinder am Start sind) Spielgefährte oder Entertainer Nummer 1. Diese Rolle habe ich NATÜRLICH unfassbar gern erfüllt. Aber noch lieber war ich mit anderen Müttern zu Indoor-Play-Dates verabredet (vorzugsweise in deren Wohnungen), um mal etwas Input durch andere kleine und große Menschen zu erhalten. Das Problem war nur, dass ich gar nicht genug Mütter kannte, um prächtig amüsiert durch die kalte Jahreszeit zu kommen. Und so stand ich viel allein draußen rum. Auf dem Spielplatz. An der Schaukel. Denn mein erstes Kind schaukelte gern. Gefühlt habe ich dort einen kompletten Winter gestanden und gefroren, denn natürlich war das Kind warm eingepackt, aber ICH wusste damals noch nicht, dass es für Mütter mehr als legitim, nein, sogar schlicht ratsam ist, sich im Winter in eine Skihose zu hüllen, um auf den Spielplatz zu gehen. Ohne Schnee und Skier. Weil: Ey, wir stehen echt viel rum und rennen eben nicht die ganze

Zeit hin und her wie die Kleinen – die packen wir jedoch in solche Hosen. WIR HABEN DA AUCH EIN RECHT DRAUF! So nämlich.

Ah, wo wir gerade bei Winterklamotten sind: Ich finde, es gibt kaum was Schlimmeres, als monatelang jeden Tag Kinder in Strumpfhosen packen zu müssen. Ich kriege immer noch die Krise, wenn ich daran denke. Und je kleiner die Kinder sind, desto nerviger ist es. Ja, es gibt tolle Thermohosen, aber meinen Kindern haben die nie gereicht … Sie sind wie ihre Mutter amtliche Frostbeulen, und da ist mehr leider wirklich mehr.

Ganz ehrlich: Die dunklen, kalten Monate mit viel Regen haben mir echt jedes Jahr als Mama mit noch recht kleinen Kindern heftig zugesetzt. Ich war zu viel allein … und … na ja, die Strumpfhosen haben das Übrige getan.

### Frühling/Sommer mit größeren Kindern

Falls du noch kleinere Kinder hast und gerade denkst: Ja, aber wenn sie älter werden, dann wird es weniger anstrengend mit dem Nachwuchs, möchte ich kurz an den klugen Satz erinnern: »Es wird nicht weniger anstrengend, es wird nur anders.« Hach, das passt einfach so oft wie die Faust aufs Auge.

Ja, irgendwann kann man den Kindern spannende Zusammenhänge beibringen wie: »Wenn deine Haare voller Schlamm sind, müssen wir sie waschen. Schon wieder. Wie gestern Abend. Wenn du das nicht willst, lass die Finger vom Schlamm.« MEINE Kinder hassen Haarewaschen, daher hat das gut funktioniert. Dennoch müssen sie im Sommer immer noch jeden Tag duschen, weil sie immer noch jeden Tag aussehen wie Hobbits, und es nicht anders geht. Grundsätzlich ist das voll mega, weil Kinder sollen sich dreckig machen dürfen und spielen, was und wie sie wollen … ABER ES IST SO VIEL ARBEIT FÜR MAMA! Darf man auch mal erwähnen.

Klamottentechnisch ist es aber (meistens) noch süß, und ich liebe es, dass man nicht so viele Schichten anziehen muss! Das macht uns hier einheitlich glücklich. ALLERDINGS entwickeln Kinder ja doch manchmal so ein Bedürfnis nach Mitspracherecht, und das wiederum startet Themenkomplexe, mit denen ich eigentlich erst später gerechnet habe. Wie zum Beispiel, dass ich mit einer Neunjährigen endlose Diskussionen darüber führte, ob sie jetzt nun bauchfrei tragen darf (ihre Position) oder nicht (meine Position). Ätzend, dass dieser modische Fauxpas so schnell wiederkam …

Na ja, aber wenigstens verteilt niemand mehr Sonnencreme auf Böden und Möbeln! Und Hitze-Stimmungsschwankungen behebe ich pädagogisch wertvoll mit deutlich mehr Eis als früher. Ist definitiv mein Sommer-Pro-Tipp: Mehr als ein Eis am Tag ist möglich und durchaus erstrebenswert.

### Herbst/Winter mit größeren Kindern

Seit die Kinder und ich (durch Kita und Schule) mehr Spielfreunde und Mutti-Freundinnen haben, kriegen wir die Herbst- und Wintermonate deutlich besser über die Bühne als früher. Wir hangeln uns von Playdate zu Playdate, schon länger nicht mehr immer alle zusammen, sondern oft der eine hier und die andere dort. NOCH öfter allerdings bin ich die Mama, die die Kinder der anderen auch noch mitnimmt, aber machen wir uns nichts vor: Zwei Kinder zu Hause haben, die sich langweilen und rumnörgeln, sind schlimmer als vier Kinder, die zusammen spielen und gackern, weil sie so viel Spaß haben. Ja, es gibt auch Streit, und mir fehlt es manchmal, dass ICH jemanden zum Spielen dabeihabe, aber dafür darf ich dann einfach nachmittags am Handy rumdaddeln. Das mag ich schließlich auch.

Außerdem sind meine beiden Kinder längst in der Lage, sich allein zu beschäftigen (mal kreativ, mal mit der Switch),

UND wir sitzen tatsächlich supergern gemeinsam unter der Decke auf der Couch, um Disney-Filme zu schauen. Meine Vorstellung von früher ist also doch noch wahr geworden.

Übrigens trage ich immer noch gern die Skihose auf dem Spielplatz, auch wenn meine Tochter längst zu cool dafür ist, so was anzuziehen. Aber ich bin zu alt, um zu frieren, habe ich beschlossen. Und da wir wirklich bei Wind und Wetter draußen sind, damit niemand einen Hüttenkoller bekommt, achte ich sehr auf passende Kleidung. Bei den Kindern UND bei mir. 😂

### FAZIT

Die Jahreszeiten nehmen tatsächlich Einfluss auf den Mama-Alltag – in viel mehr Bereichen, als ich hier jetzt angesprochen habe – und alles hat positive wie negative Aspekte. Aber wie so oft steht und fällt die Nummer meines Erachtens vor allem mit dem sozialen Umfeld und Netzwerk. Ich wünschte, ich hätte schon früher ein besseres gehabt … Das hätte mir viele lang(weilig)e, düstere Nachmittage erspart.

# SPIELZEUG – QUALITÄT STATT QUANTITÄT ... NATÜRLICH!

## Wie ich meinen eigenen Kindheitserfahrungen gerecht werden wollte

Wenn man sich mal die Zeit nimmt, eine Runde in einem Spielzeugladen über zwei Etagen zu drehen – hochschwanger, weil man »nur mal reinschnuppern« und vielleicht eine kleine Spieluhr erstehen will –, fällt einem ziemlich zügig auf, dass das Angebot an KRAM unfassbar groß ist. Es gib so unglaublich viel Spielzeug für jede Altersstufe aus den verschiedensten Materialien, mit und ohne Sound oder Merch zu irgendwelchen TV-Serien, dass man aus dem Mit-den-Ohren-Schlackern gar nicht mehr rauskommt. In mir löste es vor allem einen Gedanken aus: ICH MÖCHTE DAS NICHT! Nein, auf gar keinen Fall wollte ich, dass der Nachwuchs so viel buntes, lautes, blinkendes Plastikzeug um sich hätte – aus den verschiedensten Gründen nicht! ICH hatte schließlich als Kind auch nicht so viel Kram (laut meiner Erinnerung; ich bin nicht ganz sicher, ob meine Mutter das so unterschreiben würde).

Ich habe selbst GEBASTELT und GENÄHT, wenn meine Barbie etwas Neues zum Anziehen oder ein Schuhkartonhaus brauchte. Ich habe Kugelbahnen aus Klorollen zusammengezimmert und stundenlang mit Knöpfen gespielt, wenn ich bei meiner Oma zu Besuch war. Und ich war glücklich damit!

Okay, dass ich den Kindern höchstwahrscheinlich sehr viele Stofftiere schenken würde, war von vornherein klar wie Kloßbrühe, denn ich liebte die kuscheligen Gesellen selbst früher ganz arg, hauchte ihnen mit meiner kindlichen Fantasie Leben ein und konnte ohne diesen speziellen großen, braunen Plüschhund auf meinen Füßen niemals einschlafen ... Ich würde also NEVER EVER ohne Kaufergebnis durch eine Spielwarenecke, geschweige denn eine komplette abteilung, kommen, ganz egal wie klein sie wäre. Aber davon abgesehen, fand ich schwanger ... eigentlich nur Holzspielzeug super. Und den IST-Zustand unserer Wohnung übrigens auch, was bedeutete, dass ich absolut null Bock darauf hatte, aus unserer kompletten Bude ein riesiges Spielzimmer werden zu lassen. Nein. Einfach nein.

Natürlich hatte ich durchaus mehr als einmal einen Blick in die »Lebensräume« der Kinder meiner Freunde und Freundinnen geworfen, die mit ähnlichen Vorstellungen in das Projekt Familie gestartet waren, nur halt nicht »durchgezogen« hatten. Bei ihnen quollen die kleinen, bunten Regale über vor Spielzeug ohne nennenswerten pädagogischen Nutzen, ständig tüddelte irgendwo schlechte Musik aus einem Auto, Püppchen oder SCHUH (Warum werden Kinderschuhe mit Geräusch produziert? Warum denn nur? Kinder brauchen das nicht; sie sorgen selbst die ganze Zeit für Sound, und Eltern haben doch auch nur zwei Ohren!), und dennoch betonten die Erwachsenen dieser Haushalte stetig weiter, dass sie die Sache voll im Griff hätten, bald aussortieren würden und sowieso das meiste von den Großeltern gekommen wäre und sie daher kaum Einfluss auf den steten Strom an zukünftigen E-Bay-Kleinanzeigen-Angeboten gehabt hätten. ICH wollte das nicht. Ich war sicher, dass es bei mir bzw. bei uns anders laufen würde. Denn ich WÜRDE es durchziehen!

## Wie ich ... irgendwann ... aufgab

Hallo, mein Name ist Anke und ich bin die Mutter, in deren Wohnzimmer jahrelang gleichzeitig eine Kinderküche, eine große pinke Rutsche, eine blaue Tellerschaukel (auch für Erwachsene nutzbar) und ein ponygroßes Plüschpferd den visuellen Ton angaben. Tja.

Was soll ich sagen? Ich habe durchgehalten. Einige Zeit. Die ersten Spielzeuge der Tochter waren echt coole Sachen aus Holz, die die Kreativität förderten, hochwertige Pappbilderbücher von tollen Illustratoren und kleine Kuschelfreunde, die auch mein Herz wärmten. Allerdings ... wurden es irgendwie doch immer mehr Sachen. Die vermaledeite Kinderküche sprengte zeitweise gefühlt das Wohnzimmer, weil wir immer mehr Zeug dafür anschafften. Die kleine Maus hat einfach so megaschön damit gespielt, dass wir uns da halt nicht lumpen lassen wollten. Außerdem kamen Puzzles dazu, die dann ich gemacht habe, weil sie keine Lust dazu hatte, Unmengen von Lego, Bücher bis zum Abwinken, Knete, Puppenhäuser, mein altes Barbie-Zeug sowie Bastelkram in MASSEN. Und ich möchte ganz ehrlich an dieser Stelle NICHT mit dem Thema Schleich-Pferdehof anfangen. Ich sage nur so viel: Überleg sehr gut, ob du deinem Nachwuchs eins dieser Pferde kaufst. Das sind HERDENTIERE! Und ich schwöre, sie rufen ihre Crew persönlich an und stürmen euer Wohnzimmer!

Als das Söhnchen auf die Welt kam, hatten wir schon viel. Nicht so viel, dass wir einen Umzug oder ein externes Lager in Betracht gezogen hätten, aber definitiv genug, um ein zweites Kind glücklich zu machen. TROTZDEM hat er natürlich Sachen geschenkt bekommen, denn er sollte auch eigenes Zeug haben! Das ist irgendwann wichtig für die Flöhe, wenn sie begreifen, dass ihnen das große Geschwisterkind immer alles abzieht und sie dann wieder nur den Holzlöffel aus Mamas Küche zum Spielen haben.

Wobei … Holzlöffel aus Mamas Küche sind ja der heiße Scheiß unter den Kinderspielsachen. EIGENTLICH muss man in den ersten Lebensjahren der Kinder gar kein echtes Spielzeug kaufen. Es reicht völlig, wenn man ihnen was aus der Küche reicht, damit sind sie superzufrieden, und die meisten Sachen kann man auch viel besser abkochen oder desinfizieren, wenn sie mal wieder in der Kloschüssel gelandet sind (Mir ist völlig unklar, warum so viele Kleinkinder immense Freude daran verspüren, Dinge im Pott zu versenken, aber offenbar ist es ein weitverbreitetes Hobby unter Ein- bis Zweijährigen!) Mein Sohn hat zu Ausflügen zum Beispiel oft und gern eine Suppenkelle mitgenommen, was mir in der Kölner Innenstadt wirklich mehr als einmal hart irritierte Blicke von Passanten eingebracht hat. Ich habe auch Fotos von ihm mit Klopapierrollen, die er zum Einschlafen im Arm hatte. Und ich kann gar nicht in Zahlen ausdrücken, WIE VIELE STEINE UND STÖCKE wir zeitweise auf dem Balkon, in jeder (Jacken-)Tasche, im Kofferraum des Autos und im Kinderwagen zur Verfügung hatten, um wirklich überall und zu jeder Zeit spontan mit dem Bau eines Natursteinhauses beginnen zu können. Es waren wirklich, wirklich viele Natur-Spielzeuge! Was schön ist! Viel schöner als diese Berge an Plastikkram, die längst auch aus unseren Regalen quellen.

Natürlich sortiere ich aus. Gefühlt ständig. Ganz besonders vor Geburtstagen, Weihnachten und Ostern. Mit den Kindern zusammen. Aber loslassen ist ganz schön schwer zu lernen – nicht jedem Charakter fällt das leicht. Und dann hat man auch noch das Problem, dass man den Kram kaum mehr loswird. Ja, wir spenden viel oder verschenken es an Freunde mit kleineren Kids, aber manchmal hätte man doch noch gern ein paar Euro für die Spardose der Kleinen. Aber … ich hab einfach nicht die Zeit und die Nerven, für jedes Stück einen Kleinanzeigen-Post anzulegen, mich dann auf 10 Cent runterhandeln zu lassen, es jedoch trotzdem verpacken und versenden zu müssen. Ich gestehe: Das nervt mich alles voll, sodass wir eben auch deshalb weniger aussortieren, als wir sollten. Leider.

Aber ich achte mittlerweile stark darauf, was und wie viel die Kinder bekommen, und erkläre ihnen immer wieder, dass man nicht alles haben muss, was man bei anderen schön findet, dass sie gar nicht so viel bespielen können und die Spielzeuge sich dann womöglich nutzlos fühlen (Ja, manchmal versuche ich auch diese Nummer.) und dass es doch voll cool ist, wenn sie bei ihren Freunden und Freundinnen mit Sachen spielen können, die sie selbst nicht haben und umgekehrt!

Ich würde sagen: Ich habe zwar nicht durchgezogen, aber viel gelernt in den letzten Jahren. Eben auch in puncto Spielzeug. Und drei Tipps dazu würde ich hier gern an dich weitergeben:

## Drei Tipps zum Kinderspielzeug

1. Natürliches Spielzeug ist der Hammer! Ich liebe es, wenn der Nachwuchs mit Kastanien spielt, aus Stöcken etwas baut oder Steine bemalt! Es ist fantastisch, fördert die Kreativität und kostet nix. Allerdings kann ich auf persönliche Erfahrungswerte zurückgreifen, die besagen, dass natürliches Spielzeug durchaus bewohnt sein kann. Und da ICH das nicht auf dem Schirm hatte, sage ich es hier mal ganz klar: In Eicheln zum Beispiel können Eichelbohrer leben. Merkt man dann, wenn sie sich irgendwann wieder rausbohren und man plötzlich Maden über den Esstisch oder in der Jackentasche des Kindes kriechen hat. Würg!

2. Ich kaufe die meisten Geschenke für die Kinder **NICHT** schon viele Wochen vor dem Anlass, auch wenn es mich entspannen würde, einen Haken an das Thema zu machen. Zumindest bei meinen Kindern wechseln die Wünsche auch mit sieben und zehn Jahren noch ziemlich zackig. Das heißt nicht, dass alles nach ein paar Wochen direkt out ist, aber neben den echten Herzenswünschen, die Monate bestehen können, gibt es halt genauso aktuelle. Und für solche versuche ich immer noch Platz zu lassen – auf dem Wunschzettel und im Kinderzimmer.
3. Schenkende – egal ob aus dem Freundeskreis oder der Familie – beim Schenken etwas anleiten und im besten Fall sogar zusammenlegen. Ich mache dazu (wie sehr viele Mütter aus meinem Bekanntenkreis) zeitnah eine Liste mit Ideen. Das reduziert das Aufkommen von Unsinns- und Schrottgeschenken bei einem Kindergeburtstag schon mal um gefühlte 15 Kilo!

## FAZIT

Wie so oft in der Mutti-Dimension spazieren auch in puncto Spielzeug Vorstellung und Realität nicht zwingend Hand in Hand durch unseren Familienalltag – manchmal klatschen sie sich einfach ab wie beim Staffellauf eines Schulsportevents. Ist einfach so.

Deshalb kauft sogar die Mutter, die eigentlich ausschließlich Spielsachen aus Naturmaterialien anschaffen wollte, irgendwann einmal im Affekt ein dudelndes Plastik-Handy aus der Kinderkramecke des Lieblingsdrogeriemarktes. Wir kommen (auf lange Sicht) nur sehr schwer dran vorbei. Ist aber okay. Finde ich zumindest. Meistens.

# ME-TIME – DIE NEHM ICH MIR EINFACH. ODER SO …

## Wie vorausgesetzt wird, dass es läuft

Me-Time ist ein großes Thema, habe ich festgestellt. Eines, das die Gemüter erhitzt … lustigerweise auch jener Menschen, die eigentlich Me-Time genug haben, weil sie entweder keine kleinen Kinder (mehr) betreuen müssen oder es einfach total hervorragend gehändelt bekommen, sodass sie regelmäßig Me-Time für sich – ganz allein oder mit Freundinnen – haben, um ihre Mama-Akkus wieder aufzuladen. DIESE Frauen regen sich meiner persönlichen Erfahrung nach am allermeisten über Mütter wie mich auf, die sagen: »Äh, Me-Time … ist da der Zahnarztbesuch ohne Kind gemeint? Oder der kurze, stressige Einkauf am Abend … ohne Kind?« DAS SEI KEINE ME-TIME, habe ich mir schon häufig sagen lassen, UND MAN DÜRFE DAS AUCH NICHT SO NENNEN! Denn, so die weiteren Ausführungen: Müttern steht Me-Time zu! Und sie müssen sie EINFORDERN! Weil sie sie verdienen und brauchen und deshalb UNBEDINGT dafür kämpfen sollten. Sonst sind sie schwach, ein mieses Vorbild und insgesamt schlicht selbst schuld und mitverantwortlich, dass so viele Mütter durchschuften, in ihren To-dos untergehen und mit großen Schritten in ein Burn-out laufen, weil sie ihren Partnern nicht die

Stirn bieten, um sich selbst etwas Freizeit einzufordern. Wir Mütter MÜSSEN Me-Time einfordern. Bäm! So nämlich. Sagen jedenfalls die Frauen, die es gut hinbekommen und sich daher eventuell schnell mal ein bisschen zu hoch aufschwingen, um auf die anderen Mamis herabzublicken, die es nicht schaffen. Auf die Mamis wie mich ...

## Wie es TATSÄCHLICH lief & läuft

Ich bin erst recht spät zum ersten Mal Mama geworden (mit fast 37 Jahren) und habe meine Zeit vorher wirklich intensiv zum Feiern und Partymachen genutzt. Ich hatte viel Spaß daran und möchte diese Phase in meinem Leben echt nicht missen. Aber sie fehlt mir nicht ... Weißt du, was ich meine? Sie war wirklich abgeschlossen, als ich Mama wurde. Daher konnte ich es nicht so recht nachempfinden, als mir eine Mutter aus meinem ersten Krabbelkurs mit meiner Babytochter kurz vor Karneval erzählte, dass sie jetzt abstillen würde, um mit ihren Freundinnen feiern und vor allem trinken gehen zu können. MIR fehlte das halt nicht; aber ihr fehlte es so doll, dass es für sie der Anlass zum Abstillen wurde. Legitim, finde ich, denn auch Mütter haben Rechte und Bedürfnisse; auch ihre Wünsche fallen ins Gewicht. Empfinde ich übrigens auch so, wenn ICH etwas anders fühle. Weil ich andere Vorerfahrungen oder Learnings oder Ansprüche habe. Ganz normal.

Tatsächlich war das komplette Ding mit der Me-Time wirklich jahrelang nicht meins. Keine Ahnung warum. Ich war emotional extrem gebunden an meinen Nachwuchs, ich hatte null Bock darauf, irgendwas ohne sie zu machen, und auch nicht das Gefühl, dass mir da was fehlen würde. Vielleicht, weil ich älter war als viele andere Mamis. Vielleicht, weil ich keine Hobbys hatte (und habe), die ich vermisste. Und vielleicht auch, weil sich die Möglichkeit zur Me-Time für mich gar nicht einfach so anbot ... nicht mal zu dem Zeitpunkt, als ich merkte: Joa, jetzt so langsam hätte ich doch Lust auf PAUSEN vom Alltag als Mama.

## Meine Mama-Lebenssituation ist folgende

Ich bin verheiratet mit einem Mann, der ca. 60 Stunden die Woche arbeitet ... Er ist also nicht so viel da. Ich arbeite auch Vollzeit, wenn auch selbstständig, aber eben dennoch viel. Weder Oma noch Opa wohnen in direkter Nähe – es gab nie jemanden, der einfach mal etwas Betreuungszeit übernommen hat, sodass wir (die Großen wie die Kleinen) immer daran gewöhnt waren, zusammen zu sein ... nie jemand anderen einzuspannen. Natürlich hätten wir zeitnah einen Babysitter einstellen können, aber zum einen muss man den dann immer bezahlen und zum anderen hat mir da oft das Vertrauen gefehlt (wieder ein rein persönliches Ding).

Superlange war das total okay für mich. Erst nach Jahren begann ich damit, hin und wieder Me-Time für mich einzuplanen (Ausflüge mit meiner Schwester oder Verabredungen am Abend), um uns alle langsam daran zu gewöhnen, dass die Mama auch mal NICHT da ist, mal NICHT die Einschlafbegleitung macht, mal NICHT nachts das Händchen hält und mal NICHT die Nachmittage organisiert. All das kann auch der Papa machen. Oder eine befreundete Mama.

Aktuell bin ich auf dem Status, zu wissen, dass ich nicht so viel Alleine-Zeit brauche wie vielleicht andere Mütter, aber dass ich sie dennoch BRAUCHE! Um meine Akkus aufzuladen, mal meinen eigenen Gedanken lauschen zu können oder einfach mal mehr zu schlafen als sonst. Ich bemühe mich darum, kleine Auszeiten einzubauen und mir bewusst zu machen, dass ich sie verdiene und sie mir (einfach) nehmen kann. Aber von wirklich regelmäßigen Me-Time-Bereichen in unserem Alltag bin ich weit entfernt. Ich habe nicht mal ein Hobby ... und mir fällt auch keins für mich ein. (Falls du eine Idee hast, schreib mir gern!)

## Jede Mama ist anders – und nicht alle leben im selben Umfeld

Meine Mama-Lebenssituation wirkt in vielen Punkten (von außen betrachtet) so uncool Old School, dass sich manchen moderneren Müttern die Nackenhaare hochstellen. Aber es ist ja nicht deren Leben, sondern meins! Es gibt alleinerziehende Mamis, die noch viel weniger Me-Time haben als ich – oder aber mehr, weil sie von der Familie mehr unterstützt werden können als ich zum Beispiel. Es gibt Haushalte, in denen Mama und Papa alles wirklich zu 50 % aufgeteilt haben und daher auch die Chancen auf Auszeiten fast exakt gleich sind. Und es gibt noch tausend andere Varianten von Familie und Möglichkeiten, wie jemand lebt und seine Akkus auffüllt. Alles ist okay, alles sollte respektiert werden, alles darf sein. Das empfinde ich immer noch.

Nur wenn ich heute, aus meiner jetzigen Perspektive, eine Mama sagen höre, dass sie GAR KEINE ME-TIME braucht, überlege ich, ob ich vielleicht doch mal vorsichtig etwas sage, denn: Rückblickend würde ich MIR durchaus früher die Erkenntnis wünschen, dass hin und wieder etwas Zeit nur für mich schön und gesund gewesen wäre, als ich es selbst noch nicht wusste. Als ich noch dachte, dass ICH das nicht benötige, weil ich auch ohne klarkomme. Heute weiß ich: Wir können das alle zu jeder Zeit gut gebrauchen. Und wir dürfen uns das auch wünschen bzw. auf dem Schirm haben, dass es ein Ziel wäre, auf das wir hinarbeiten. Selbst dann, wenn wir gerade in einer Situation leben, in der es kaum Möglichkeiten zu geben scheint. Und in so einer Situation leben viele Mütter, deshalb sollten wir alle immer sehr, sehr vorsichtig damit sein, zu verkünden, dass jede

Mutter die Zeit für sich einfordern **MUSS**. Manchmal geht's halt nicht. Manchmal dauert es Jahre, bis dafür Raum ist, und Druck von außen hilft da null! Aber uns eingestehen, dass es gut für uns wäre, damit wir zumindest kleine Momente für uns selbst finden und diese dann wirklich wertschätzen können, **DAS** sollten wir immer machen. Und wenn es dann das Allein-zum-Supermarkt-Gehen ist, was uns etwas durchatmen lässt, dann ist das so und dann ist das schon mal besser als nichts! Ich fühle das **SEHR**! ♡

### FAZIT

Me-Time haben ist toll. Und ja, wir Mütter müssen uns da meist selbst drum kümmern. Aber es bringt niemandem was, wenn wir einen Zwang oder eine Challenge draus machen. Im Gegenteil!

# KINDERBETT IM KINDERZIMMER – IST DAS EIGENTLICH (UN-)WICHTIG?

## Ich hatte einen Plan

»Es ist ganz einfach, Schatz«, sagte ich hochschwanger mit unserem ersten Kind zu meinem Mann. »Die Kleine schläft bei uns im Beistellbett, bis sie ein Jahr alt ist, weil ich ja erst mal stille und weil sie sicher oft wach wird und ich dann keine Lust habe, immer ins Kinderzimmer rüberzugehen, das wir aber trotzdem jetzt schon einrichten, weil mein Nestbautrieb danach verlangt und wir ja da auch spielen werden. Also im Kinderzimmer. Auf dem Boden. Und zwar auf einem hübschen Teppich, weißt du? Schließlich wollen wir das Spielzeug nicht in der ganzen Bude haben, richtig? Also BRAUCHEN wir das Kinderzimmer! Aber halt erst mal kein spezielles Kinderbett im Kinderzimmer, weil wir ja das Beistellbett im Schlafzimmer haben. Um das erste RICHTIGE Bett für die kleine Maus kümmern wir uns, wenn sie ein Jahr alt ist. Dann schläft sie bestimmt durch und sie kann ‚umziehen'!«

Aus heutiger Perspektive kann ich nur in einer Art und (absolut angebrachter) Weise auf meine damalige Vorstellung reagieren. Ich lach mich kaputt.

Okay, ja, das wirkt etwas unhöflich und übertrieben. Und wäre es der »Plan« von jemand anderem gewesen, würde ich mich natürlich viel diplomatischer ausdrücken. Aber da es mein eigener Plan von meinem jüngeren Noch-nicht-Mama-Ich ist, den ich hier kommentiere, darf ich das. Und es kommt *from the bottom of my heart* … ganz ehrlich!

Und bevor du jetzt sagst: Oh Himmel, das klingt ja grauenhaft! Sooo schlimm war's nicht. Ich hatte einfach nur gar keine Vorstellung von der mich erwartenden Realität, was die Schlafsituation mit meiner Tochter und meinem – drei Jahre später folgenden – Sohn anbelangt. GLÜCKLICHERWEISE, denn sonst wäre ich möglicherweise vorab in Panik geraten. WEIL: Was man unter (vielem) anderem nicht weiß, bevor man Mama ist: Man schafft so viel mehr, als man denkt! Nie im Leben hätte ich damit gerechnet, wie lange ich jede Nacht mehrfach geweckt werden würde und dass ich damit leben könnte. Klar, ich war (und bin) viel müde und zum Teil echt leicht grenzdebil deswegen, aber auch sehr beeindruckt von mir selbst und stolz auf mich, was ich in den letzten Jahren alles geschafft habe, ohne wirklich durchzuschlafen. Muss man auch mal sagen!

## Was die Kinder mit meinem Plan gemacht haben

Also … das Beistellbett hab ich echt krass geliebt. Da konnte ich einfach alles ablegen. Meine Kissen, meine Schlafklamotten, das Spucktuch, den Schnuller, die Spieluhr … alles … ALLES, außer dem Baby. Das Baby wollte da nicht liegen, geschweige denn schlafen. Das Baby wollte bei oder, noch besser, AUF der Mama schlafen. Und zwar lange! Da waren sich beide von mir geborenen Babys einig: Separates Bett? Nein danke! Schlafen nur ganz nah bei Mama. Und DAS war für mich tatsächlich immer total okay, wenn auch nicht so geplant.

Meine Tochter schlief jeden Abend in meinem Arm ein, sie schlief über Jahre hinweg neben mir (in eigenem Schlafsack und durch ein Stillkissen vor dem wilder als ich schlafenden Mann »geschützt«) und anschließend – als ihr Brüderchen auf der Welt war und ihren ursprünglichen Platz AUF mir einnahm – lang in einem (unser Bett zu einem Familienbett ausbauenden) Bett an meiner Seite, das wiederum irgendwann vom Söhnchen übernommen wurde, als ER bereit war, zumindest ETWAS Abstand zur Mama zu akzeptieren.

Wir hatten sozusagen sehr lang so was wie ein Schlaf-Rotationssystem … und ich war mittendrin, statt nur dabei. Jahrelang lag entweder ein Baby oder ein Kleinkind mit auf meiner Matratze. Ich entwickelte Hardcore-Ninja-Skills, die es mir erlaubten, aus dem Tiefschlaf heraus blitzschnell auf Bedürfnisse des Nachwuchses oder auf Kinderfuß-saust-in-Mamas-Gesicht-Angriffe zu reagieren. Ganz ehrlich: Ich war der Hammer bei so was! 😂

Nicht so der Hammer war das Intervallschlafen, das ich wirklich lange mitmachen musste. Die Tochter stillte ich ja irgendwann unter Zwang ab, weil sie laut externer, selbst ernannter Beratungspersonen dann endlich durchschlafen würde. Allerdings löste sie die Nummer dann überraschend auf, indem sie zwar drei Stunden am Stück schlief, DANN aber auch jede Nacht drei Stunden am Stück wach war. So von 2 Uhr bis 5 Uhr. Es war das Grauen in Tüten, und ich hätte mir damals gewünscht, dass ein Umzug in ein eigenes Zimmer die Lösung gewesen wäre. War es aber nicht. Irgendwann änderte es sich dennoch. Als das zweite Kind in meinem Bauch endlich groß genug war, um meine Blase zuungunsten meines Schlafes zu malträtieren. Es war ein Träumchen und eine hervorragende Vorbereitung auf die folgenden drei Jahre, denn der kleine Floh fand es wie seine Schwester zuvor sehr wichtig, alle paar Stunden Mamis Anwesenheit zu kontrollieren und so viel Nähe wie möglich einzufordern. Ich fand's megalustig! Also rückwirkend. Rückwirkend kann ich prima darüber lachen.

Na ja, was soll ich sagen? Meine Kinder waren beide klassische Schlechtschläfer mit einem extrem hohen Bedarf an Nähe. Zum Teil haben sie diesen Bedarf immer noch. Und ich finde es immer noch total okay. Zugegebenermaßen nervt's auch manchmal, aber insgesamt ist es kein Problem für mich bzw. für uns. Hätte ich früher gewusst, dass keines der Kinder nach einem Jahr in einem Beistellbett einfach ins eigene Zimmer umzieht, hätte ich einfach direkt in ein schönes, großes Familienbett investiert. DAS wäre echt super gewesen!

## Ich fand das Kinderzimmer übrigens trotzdem wichtig! Von Anfang an ...

Warum? Zum einen, weil ich von Anfang an einen Ort hatte, an den ich Spielsachen und Kinderkram zurückräumen konnte, sofern ich Bock darauf hatte. Ich fand es auch gut, den Wickeltisch und den (müffelnden) Windeleimer nicht im Schlafzimmer zu haben, aber ich kenne viele, die das lieber anders gemacht haben.

Zum anderen, weil die Kinder so schon früh zumindest die Option hatten, aus dem Schlafzimmer auszuziehen. Und tatsächlich hat meine Tochter es auch immer wieder mal versucht – auf eigenen Wunsch oder auf den von Mama und Papa. Es gab beides. UND es gab sozusagen Wanderbetten, die mal im Kinderzimmer und dann irgendwann wieder im Schlafzimmer standen. Ich glaube, ich habe in den letzten Jahren mit keinem anderen Möbelstück so viel erlebt in Sachen Umbauten wie mit den Betten, die wir hatten und haben.

Bei keinem anderen Thema haben wir uns so häufig wieder neu orientiert und an jeweils aktuelle Bedürfnisse angepasst wie bei diesem. Mal fühlte sich das große Kind doll GROSS und wollte deshalb »ausziehen«, mal wollte es wieder zurück ins gemeinsame Bett, weil die Gesamtsituation (zum Beispiel Pandemie) so verunsichernd war, dass mehr Nähe gebraucht wurde.

Wir hatten die ganze Zeit das Glück, in der fantastischen räumlichen Lage zu sein, darauf reagieren zu können. Ich weiß, das geht nicht in jedem Familien-Zuhause. Deshalb war ich immer dankbar dafür, dass es bei uns unkompliziert möglich war, und ich hoffe, dass die Kinder sich daran irgendwann positiv erinnern werden. Dass sie immer so schlafen konnten, wie ihr Herz es gebraucht hat. ♡

### FAZIT

Hör auf dein Bauchgefühl. **WIRKLICH!** Es gibt so viele Meinungen zum Thema »Wo und wie sollte ein Baby bzw. Kleinkind schlafen«. Und on top gibt's wahrscheinlich zu jeder Version eine krass wichtige Studie. Aber keine zu **DIR** und **DEINEM** Kind! Deshalb müsst ihr ganz individuell **EUREN** Weg finden, mit dem **IHR EUCH** wohlfühlt … niemand sonst!

# GESCHWISTER SIND TOLL – DIE SPIELEN DANN SO SCHÖN MITEINANDER!

## Warum wir unbedingt ein zweites Kind wollten

Ich habe schon viele lustige Videos zu diesem Thema gesehen. Immer fängt jemand davon zu reden an, warum sie sich als Paar für ein zweites Kind entschieden oder warum ihnen dazu aus dem Umfeld »geraten« wurde … nämlich, weil sich die Kinder dann miteinander beschäftigen und dadurch im Prinzip mehr Zeit auf Elternseite entsteht. Da kann ich nur lachen. Aber tatsächlich war das natürlich auch unser Gedankengang. On top kamen noch die Erfahrungswerte aus der eigenen Kindheit, die bei meinem Mann und mir zwar eigentlich ganz unterschiedlich waren, aber dennoch zum selben Ergebnis führten. Er wuchs wie ein Einzelkind auf und wünschte sich daher für seine Tochter ein Geschwisterchen, damit sie – im Gegensatz zu ihm – immer jemanden zum Spielen hätte. Und ICH wünschte ihr das, weil ich viele schöne Erinnerungen an das gemeinsame Aufwachsen mit meiner Schwester habe und ihr genau das auch ermöglichen wollte.

Ich hatte nur eine einzige Sorge im Hinblick auf ein zweites Baby: Könnte ich es genauso lieben wie mein erstes Kind? Wäre es genauso oder anders? Und wenn anders, dann wie? Ich hatte wirklich Angst, dass die erneute Mutterschaft das Verhältnis zu meiner Erstgeborenen hart verändern würde und ich irgendwann womöglich traurig wäre, es nicht einfach dabei belassen zu haben.

Wir haben es dennoch gewagt. Und nie bereut! Aber … ey, manchmal ist es einfach nur nervig!

## Wie die Realität aussieht

Die Angst, mein zweites Kind nicht so zu lieben wie jenes, das mich zur Mutter gemacht hat, war absolut unbegründet. Ich liebe beide Kinder wie bekloppt und würde mich ERNSTHAFT für sie vom Kölner Dom stürzen, sollte DAS ihr Leben und ihr Glück retten. Hach, so pathetisch, so was zu sagen bzw. zu schreiben … doch es stimmt!

Dennoch muss ich gestehen, dass ein zweites Kind durchaus die Beziehung zum ersten beeinflusst, weil man sich nun mal aufteilen muss. Ja, die Liebe verdoppelt sich, aber die Mutti halt nicht! Leider hat Mutter Natur es nicht so eingerichtet, dass man als Mama mit jedem Kind mindestens noch einen Arm dazubekommt … oder gar keinen Schlaf mehr braucht. Da hat die Gute echt gepennt! Wir müssen also die doppelte Menge an Mama-Leistung bringen, während wir doppelt so im Eimer sind wie vorher. TSCHAKKA! Allerdings lernt das große Kind schnell mit und ist in der Entwicklung natürlich voraus, um dann eben plötzlich Dinge allein zu machen. Zum Beispiel das Badezimmer inklusive aller Fliesen zu putzen. Mit Zahnpasta. Ganz allein, weil Mama stillt und dabei nicht so schnell ist wie sonst! Unglaublich, wie rasant Kleinkinder raffen, dass sie durch ein neues Geschwisterchen zwar Einbußen in Mamis Aufmerksamkeit haben, aber dass das auch Vorteile hat. Tja.

Egal, gehört dazu. Chancen erkennen und nutzen! Rückblickend finde ich diese Situationen wirklich lustig. Genauso wie meine Erinnerungen daran, wie es war, abends (allein, weil der Mann immer schon lang gearbeitet hat) ein Baby und ein dreijähriges Kleinkind mit logischerweise komplett unterschiedlichen Bedürfnissen bettfertig zu machen und in den Schlaf zu begleiten. Während das Söhnchen sich vor Müdigkeit die Seele aus dem Leib schrie, versuchte ich einer durchgehend singenden Tochter die Zähne zu putzen. Während SIE mit mir diskutierte, warum denn immer nur das Baby auf meiner Brust schlafen durfte, sie aber bloß meine Hand bekam, entschied ER, dass Einschlafen im Sitzen heute komplett gestrichen und gegen Einschlafen im Tragetuch ersetzt wurde. Während der kleine Floh dann endlich wegdöste, las ich – stehend und wippend mit Baby im Tuch im dunklen Schlafzimmer – Märchen vom Handy vor, damit die Tochter ihm zufrieden lächelnd ins Land der Träume folgen konnte.

Hach, es war eine wilde Zeit damals, die natürlich längst hinter uns liegt, wie auch die »amüsanten« Jahre, in denen die zwei sich den Trotz- bzw. Autonomiephase-Staffelstab von der einen in die andere Hand gaben; nur dass mich der Zweitgeborene null beeindrucken konnte, weil seine große Schwester mich zuvor sozusagen durch ein Trotzanfall-Bootcamp getrieben hatte. Dafür vertrugen sie sich eigentlich meistens recht gut. Vor allem, weil ich wirklich von Anfang an versuchte, sie zwar individuell, aber eben dennoch gleich zu behandeln. Weißt du, was ich meine? Ich versuchte wirklich niemanden zu kurz kommen zu lassen, immer an die identische Geschenkeanzahl unter dem Weihnachtsbaum zu denken und ganz heißen Spielzeug-Scheiß (z. B. ein hässlicher, bunter Ball für 1 €) einfach direkt doppelt zu kaufen, um keine heftige Geschwister-Krise auszulösen. Ich fand mich dadurch ziemlich schlau.

Natürlich hat's mich längst eingeholt. Und ehrlich gesagt hätte mich das zu keinem Zeitpunkt wundern dürfen, denn meine Schwester und ich haben uns ja auch bis aufs Blut gestritten, uns schon morgens um 7 Uhr durch die Badezimmertür angebrüllt und uns phasenweise die Butter nicht auf dem Brot gegönnt, obwohl wir beide keine Butter mochten! 😂

Ergo: Nichts von den folgenden Beispielen hätte mich jemals auch nur im Ansatz überraschen dürfen. Alles voll normal!

## Gründe, aus denen bei uns gestritten wird

- Einer hat ein Bonbon mehr als der andere.
- Einer hat ein BESSERES Bonbon als der andere.
- Die Tochter hat sich die rote Schüssel genommen, OBWOHL SIE DOCH GENAU WEISS, DASS DIE DEM SÖHNCHEN GEHÖRT!
- Eine hat mehr Zeit mit der Mama allein gehabt.
- Einer hat eine Stunde kürzer Unterricht.
- Eine hat was gebastelt und dasselbe nicht auch für den anderen gebastelt. Unaufgefordert, wohlgemerkt.
- Einer ist zuerst aufs Klo gegangen, dabei muss die andere jetzt aber auch!
- Beide Kinder haben Freunde mit nach Hause genommen; alle wollen JETZT SOFORT an die Switch.
- Der letzte Müsliriegel ist an das FALSCHE Kind gegangen.
- Keiner weiß mehr, wem das hässliche Plastik-Wildschwein vom Karnevalszug vor drei Jahren gehört … MIR, NEIN MIR, NEIN MIR!
- Einer sagt was, der andere ignoriert ihn/sie. ESKALATION!
- Jemand ist AUS VERSEHEN aufs fast fertige Puzzle getreten. Oder das Bild. Oder was Gebasteltes.
- Die Brotdosen sind nicht gleichwertig gefüllt.

Oh, ich könnte endlos so weitermachen! Wir haben wirklich oft Streit hier. Und selbst wenn sie nicht streiten, sind sie laut zusammen. Ich weiß, ich bin auch ein lauter Mensch, aber diese beiden … Himmel, manchmal frage ich mich, ob sie gar nicht normal miteinander kommunizieren können. Aber was ist schon normal? Das Kindernormal ist eben laut mit viel Lachen und plötzlich Motzen und dann wieder Lachen. Vielleicht ist es so. Oder vielleicht ist es nur bei meinen beiden so? Wobei ich glaube, es war auch bei meiner Schwester und mir so. Laut und emotional … äh … abwechslungsreich.

Aber es ist ja nicht nur das. Streit, Geschwister-Missgunst, Neid, Sticheleien und Kabbeleien gehören dazu, sind jedoch nur die eine Seite der Medaille.

## Gründe, die es dennoch fantastisch machen, Geschwister miteinander aufwachsen zu sehen

- Sie haben – zumindest theoretisch – immer jemanden zum Spielen. Und sie nutzen diesen Umstand wirklich sehr oft!
- Sie lernen toll, miteinander zu streiten. Und ich meine das ernst! Streiten will gelernt sein!
- Sie können sich gegen Mama und Papa verbünden. Ich liebe das. Heimlich.
- Sie toben am Wochenende zusammen in unserem Bett und lachen dabei so dolle, dass ich weiß, sie werden sich genau daran erinnern.
- Wenn irgendwer gemein ist zu einem der beiden … steht der bzw. die andere sofort auf der Matte.
- Sie trösten einander perfekt, weil sie sich so gut kennen.
- Sie unterstützen einander beim Lernen.
- Sie fordern einander heraus und werden so beide besser.
- Sie sind unfassbar unterschiedliche Charaktere.

Sie werden ihr Leben lang davon profitieren, durch die Augen des anderen immer eine weitere Perspektive sehen zu können.

- Sie erfahren früh, was es bedeutet, nicht nur von den Eltern bedingungslos geliebt zu werden.
- Sie lernen zu teilen. Nicht immer freiwillig, aber sie lernen es dennoch.
- Sie respektieren einander auf eine Art, wie es nur Geschwister können.
- Sie werden einander haben, wenn sie Mama und Papa nicht mehr haben.

Okay, an dem Punkt höre ich auf, weil ich schon wieder heule. Falls du auch weinst, entschuldige bitte, aber ich denke da wirklich oft dran und freue mich (weinend), dass es genauso sein wird. Sie werden einander haben. Immer. Ich wünsche es ihnen jedenfalls von Herzen! ♡

Falls du dich fragst, ob ich nicht vielleicht sogar der Typ Mutter für mehr Kinder sein könnte, kann ich das eigentlich mit »Jepp, voll!« beantworten. Und warum sind es dann trotzdem »nur« zwei Kinder geworden? Da könnte ich jetzt hier irgendwas Kluges, vielleicht politisch Fundiertes oder Der-Klimakrise-gerecht-Werdendes und/oder Vorausschauendes hinschreiben, aber ehrlich gesagt ist es was recht Schnödes: Ich bin zu alt. Mein erstes Kind habe ich mit fast 37 bekommen, mein zweites mit fast 40. Und auch wenn viele heutzutage sagen: Man ist nur so alt, wie man sich fühlt, und das ist doch immer nur eine Zahl ..., ICH fühle mich so alt, wie ich bin. Manchmal älter. Was natürlich auch meinem Gesundheitszustand geschuldet ist, aber insgesamt ist eben das der Grund. UND dass ich zwei Fehlgeburten zwischen der Tochter und dem Söhnchen hatte und nie wieder so viel Angst haben wollte, wie in der Schwangerschaft mit meinem letzten Kind. Gäbe es diese beiden Gründe nicht, hätte ich supergern noch ein Drittes, möglicherweise sogar ein Viertes bekommen. Ich habe immer von vielen Kindern geträumt! Das Leben hat es anders bestimmt, und es ist okay für mich. Ich bin mit jeder Faser meines maroden Körpers unfassbar dankbar dafür.

### FAZIT

Geschwisterkinder sind super! Und ich würde es für uns nicht anders wollen, obwohl ich durchaus auch die Schattenseiten sehe. Und vielleicht verstehe ich deshalb gleichermaßen jene Eltern, die sich dazu entscheiden, nach dem ersten Kind kein weiteres zu bekommen, wie auch jene, die irgendwann als Großfamilie dastehen. Wichtig ist doch nur, dass es passt. Zum individuellen Lebensentwurf und den gegebenen Möglichkeiten.

# BASTELN, BACKEN & CO – VIEL SPASS MIT DEN KLASSISCHEN MAMA-HOBBYS

## Uh, hierzu hatte ich eine sehr klare Vorstellung

Als ich schwanger mit Baby Nummer 1 erfuhr, dass es ein Mädchen werden würde, spielten sich vor meinem inneren Auge direkt Szenen wie in einer amerikanischen Familienkomödie ab: Ich mit Schürze in der Küche beim Backen mit der noch kleinen Tochter, sie auf einem Höckerchen an der Arbeitsplatte stehend, wir beide mit mehlverschmierten Gesichtern, aber lauthals lachend, weil wir so viel Spaß hatten. Es flatterte auch folgendes Bild durch mein Gehirn: Die zukünftige Mausemaus und ich bäuchlings auf einem bunten Spielteppich liegend, wie wir wunderschöne Bilder malen und mit Glitzer bekleben. Beide völlig versunken in unsere kreative »Arbeit«. Hach, schön!

Ähnlich erging es mir, als ich mit dem Krümelchen frisch schwanger war – obwohl ich da ja bereits ein Kind hatte, aber sie war ja erst zwei Jahre. Ich stellte mir vor, wie es wäre, ganze Nachmittage in Rollenspielen vertieft mit den Kids Fantasiewelten zu erschaffen und zu erforschen, Geschichten zum Leben zu erwecken und gemeinsam Abenteuer im Wohnzimmer zu erleben. Ich träumte davon, mit ihnen Weihnachtskekse für die komplette Kölner Nachbarschaft zu backen, zusammen zu kochen und natürlich zu basteln, was auch immer die beiden Geschwister eben basteln wollen würden.

Ich orientierte mich bei derlei Tagträumen an meiner eigenen Kindheit, an kitschigen Filmen und tatsächlich auch an mir selbst als Babysitterin, wobei mir dabei durchaus einfiel, dass ich mich zeitweise arg gelangweilt hatte, wenn ich mit einem zu betreuenden Kind länger als 30 Minuten das gleiche Spiel spielen oder Papier in Herzen schneiden musste. Das jedoch lag garantiert daran, dass ich eben nur die Babysitterin und nicht die Mutter war. Als Mutter, so dachte ich, würde ich das krass lieben und den kompletten Tag in einer Tour machen wollen. Lächelnd, mit dem Herzen voller Glückseligkeit. SO NÄMLICH!

## Was aus meiner ach so klaren Vorstellung wurde

Ich sage es dir ehrlich: Im Gegensatz zu meiner vorangegangenen Beschreibung meiner ursprünglichen Vorstellung ist das hier einer der Parts der Mutterschaft, mit dem ich wirklich viel gehadert habe. Ich bin mit einer sehr klaren Erwartungshaltung an mich selbst – aufgrund von persönlichen Erfahrungswerten, mannigfaltigen Begegnungen und Gesprächen mit anderen Müttern und irgendwie auch instinktivem (oder vielleicht doch gelerntem) Impuls – an die Nummer herangegangen. Für mich war es glasklar, dass Mütter nun mal gern mit ihren Kindern basteln, gern mit und für die Kinder backen und gern mit den Kindern Rollenspiele spielen, sobald diese so weit sind. Dass wir Mütter eben gern MITmachen, wenn die Kinder sich ausprobieren, ganz egal ob im Kinderzimmer oder in der Küche. Dass wir Mamis lächelnd mit ihnen am Tisch sitzen, stundenlang kleinste Perlchen irgendwohin kleben, Wackelaugen auf kreative Monster aufbringen, Armbänder knüpfen, Fensterbilder malen, Kuchen backen, Kekse ausstechen und, und, und … Und anschließend die Chance direkt noch nutzen, dem Nachwuchs (ohne Vorwürfe) zu zeigen, wie man Kleber vom geerbten Holztisch bekommt und eine Küche nach dem gemeinsamen Back-Event KOMPLETTSANIERT, weil es plötzlich nötig ist!

Ganz egal wo ich Mütter traf und kennenlernte – ob auf dem Spielplatz oder in irgendwelchen Kursen –, die meisten erzählten mir irgendwann mit leuchtenden Augen, dass sie am Wochenende endlich mal wieder mit den Kindern Salzteig gemacht und für die Verwandtschaft hübsche Deko gebastelt hätten. Oder dass sie einen kompletten Tag in ein buntes Kostüm gesteckt eine Prinzessin gewesen wären. Und dass sie dabei null denken mussten, weil der Text (sofern man im Stück des Nachwuchses eine Sprechrolle ergattern konnte) immer von der zum Beispiel dreijährigen »Regisseurin« vorgegeben war. Juhu!

Echt jetzt, ich freute mich ja durchaus mit, wenn mir so was erzählt wurde, allerdings schlich sich gleichzeitig sofort ein Gefühl der Scham und Unzulänglichkeit ein, kroch mit kaltem Atem von meinem Kopf über den Nacken bis ins Herz und stimmte mich dort traurig. Denn: Ich bastle nicht gern mit meinen Kindern. Ich liebe die beiden abgöttisch und würde mich jederzeit für sie vor einen Zug werfen, wenn es ihr Leben retten würde, aber ich kann es nicht leiden, mit ihnen basteln zu müssen. Oder backen. Ich weiß gar nicht, was ich grässlicher finde. Jahrelang habe ich mich gequält damit, habe missmutig dabeigesessen, wenn die Tochter irgendwas aus Papprollen erschaffen wollte, und gab mir größte Mühe, zumindest hin und wieder eine Backmischung in die Tat umzusetzen. Aus der Nummer mit den Rollenspielen war ich glücklicherweise zügig raus, denn die Geschwister spielten flott lieber nur miteinander und brauchten mich dazu nicht mehr. Ich war ihnen eh zu »sperrig«, denn ich hab einfach nie richtig gemacht, was sie mir gesagt haben. Ständig wollte ich im Spiel selbst ausgedachte Sachen sagen, also vom Kinder-Skript abweichen. Das ging GAR NICHT! So wurde ich nicht mehr gefragt. Basteln und Backen war jedoch lange ein Thema, bis ich endlich ehrlich war und erklärte, dass ich gar keine Freude daran habe. Ich mag Backen einfach nicht, aus ganz vielen Gründen. Ich ganz persönlich … ich mag es nicht. Ich habe wunderbare Freundinnen, die Backen fantastisch finden und bei denen sich auch meine Kinder einklinken dürfen, sofern sie möchten, daher fehlt ihnen nichts. Und was das Basteln angeht, bin ich einfach ein perfektionistischer Monk. WENN ich bastle, dann muss das am Ende unbedingt so aussehen, wie ich mir das vorstelle (Ich bin wie eine Fünfjährige mit ihrem Kinder-Skript für Rollenspiele … Ich merke es gerade selbst!). Alles andere nervt und stresst mich arg.

Aber weißt du was? Ich habe gelernt, dass das voll okay ist. Weil: Nur weil ich Mama geworden bin, habe ich ja nicht meine Persönlichkeit verloren, meine eigenen Vorlieben oder Abneigungen haben auch eine Relevanz. Und Kinder verstehen das gut und lernen sogar noch etwas Wichtiges dabei, wenn Mama auch mal sagt, dass sie etwas einfach nicht machen möchte, obwohl der Zwerg es gern hätte. Nämlich, dass dieses Recht jeder hat. JEDER! Jeder darf Dinge, Handlungen, Abläufe, Ansprüche anderer NICHT MÖGEN! Jeder darf Nein sagen! Und Besonderheiten mitbringen.

Tatsächlich stehe ich als Mutter oft allein, wenn ich sage, dass ich es toll finde, wenn meine Kinder basteln oder backen, ich aber nicht mitmachen WILL … und sie das deshalb für sich oder mit einem Erwachsenen machen, der ebenfalls Bock drauf hat, nur eben nicht mit mir. Ich stehe oft damit allein, aber nicht immer. Ich mag da ein bisschen komisch sein, aber ich bin nicht die einzige Mutter, die es als stressig empfindet, mit Kids in der Küche eine Mehltüte zu öffnen. Ich bin nicht die Einzige, die es schnell blöd findet, wenn ihr ein kleiner Floh schnippisch vorsagt, was im Spiel gesagt wird und dass man nicht davon abweichen darf! Es gibt noch mehr Mütter, deren Nackenhaare sich hochstellen, wenn der Nachwuchs nach dem Sekundenkleber und dem Glitzer greift, obwohl es nun mal zu einem Bastel-Set-Geburtstagsgeschenk der Tante gehört, das man nach drei Monaten im Schrank doch endlich mal starten muss. Es gibt mehr von uns, als man so denkt. Und wir sind genauso in Ordnung wie all jene Mamis, die GERN mit ihren Kleinen basteln und backen!

Nicht vergessen: Jedes Kind ist anders, und jede Mama auch. Manche lieben es zu backen und zu basteln, andere lesen lieber vor oder toben mit ihren Kindern durch die Bude. Wir haben alle unsere Stärken als Mütter, wir alle geben unseren Kindern ganz viel – wir sind nur nicht alle gleich und das ist super so!

### FAZIT

Wir Mütter hängen immer noch viel zu oft in Erwartungshaltungen fest, die wir von irgendwoher gelernt oder übernommen haben, die aber eigentlich gar nicht zu uns persönlich passen, und tun uns schwer damit, sie abzustreifen. Weil wir dann ein mieses Gefühl, ein schlechtes Gewissen haben. Ist aber unnötig, finde ich mittlerweile, denn unsere Kinder sollen ja auch lernen, was Individualität bedeutet und wie wichtig es ist, seine eigenen Bedürfnisse nicht (komplett) unter den Teppich zu kehren. Nicht mal für die kleinen Menschen, die man von hier bis zum Mond und zurück liebt. Sie überleben es locker, wenn wir bei dem einen oder anderen Kinder-Bedürfnis mal nicht mitmachen.

# KINDER MIT HAUSTIEREN AUFWACHSEN LASSEN – EINE HERZENSANGELEGENHEIT! ODER?

## Wie ich dachte, dass es läuft

Also, es wird dich wahrscheinlich nicht überraschen, wenn ich sage: Ich bin sehr internetaffin … oder sagen wir einfach »kurzvideo-süchtig«. Ich sage bewusst nicht Reels oder TikToks, weil ich schon lange davor zu den Menschen gezählt habe, die sich auf YouTube lustige Katzen-Videos (was ja im Prinzip irgendwie ein Synonym für alle Tier-Videos geworden ist) zur Entspannung und zum lauthals Loslachen angeschaut haben. Damals wurden die noch per Mail an die Freunde und Familie weitergeleitet. Hach, das waren Zeiten … aber ich schweife ab! Zurück zum Eigentlichen: Besonders lustig und niedlich waren (und sind) diese Kurzfilmchen natürlich, wenn die Tiere in Kombi mit kleinen Kindern auftreten. HIMMEL, IST DAS NICHT EINFACH HAMMERSÜSS, wenn Babys neben Hunde- oder Katzenwelpen schlafen? Wenn sie den Vierbeinern hinterherkrabbeln und diese mit leicht panischem Blick flüchten? Oder wenn Tier und Kind gemeinsam die Küche verwüsten und sich dabei scheckiglachen? Okay, das ist vor allem deshalb lustig, weil's nicht die eigene Küche ist, aber vor allem ist es schlicht zauberhaft, zu sehen, wie die felligen Familienmitglieder mit den Nachwachsenden interagieren. Da geht einem doch das Herz auf, selbst wenn man eigentlich gar keinen Bock auf Haustiere hat. ICH hatte aber Bock drauf, schon immer, und war deshalb auch stets felsenfest davon überzeugt, dass meine Kinder – genau wie ich – mit Katzen großwerden würden. Weil ich das als Kind fantastisch fand und man erfahrungsgemäß positive eigene Kindheitserlebnisse sehr gern auch in die Kindheit der Sprösslinge einbaut.

Übrigens sei an dieser Stelle schon mal gesagt, dass ich früher auch mal Kaninchen (zu den Katzen) hatte und mir durchaus genauso einen Hund an meiner Seite vorstellen könnte … Es hat sich nur bisher aufgrund von Lebens- und Wohnsituation nie ergeben.

Jedenfalls wünschte ich mir für meine Familie tierische Mitglieder, weil allein der Gedanke mein Herz wärmte, dass meine Kleinen dieselben glücklichen Momente mit Katzen erleben würden wie ich … und weil ICH fest davon überzeugt war, dass Katzen MIR nach wie vor und dauerhaft guttun. Und ich ihnen, im besten Fall, auch. 😉

## Wie es TATSÄCHLICH lief & läuft

Als ich zum ersten Mal schwanger wurde, war mein Seelentier, mein Kater Felix, ca. zwölf Jahre alt. Sein Kopf ruhte oft auf meinem wachsenden Bauch, bis von innen getreten wurde … das fand er dann kacke und zog ab. Aber Felix nahm das neue Familienmitglied liebevoll auf, als meine Tochter geboren wurde, und tatsächlich war's oft so wie in den YouTube-Filmchen. Mein Herz lächelte. Und es weinte furchtbar, als ich ihn drei Jahre später einschläfern lassen musste, um ihn von einer schweren Erkrankung zu erlösen, die wir nicht mehr besiegen konnten. Er schloss seine Augen für immer mit dem Köpfchen auf meinem wieder schwangeren Bauch – und es brach mein Herz. Ich weine immer noch jedes Mal, wenn ich daran denke … auch jetzt gerade. Ach, Felix. Er war echt ein kleiner Scheißer. Aber er war mein Seelentier. Voll und ganz. Sorry, für den tränenreichen Moment. Wir atmen mal kurz durch und dann geht's weiter …

Die zweite Katze in unserem Haushalt war ungefähr drei Jahre jünger als der Kater. Sie hieß Lilly … und fand Menschen (und Felix) insgesamt und schon immer eher fragwürdig und doof. SIE sorgte fast nie für solch romantische Momente mit anderen Lebewesen; sie war eher die griesgrämige Tante, die es in den meisten Familien irgendwo über zig Ecken gibt. Aber sie wurde hier dennoch geliebt und respektiert. Und tatsächlich fand die Liebe eines Tages auch sie – nämlich als mein Sohn geboren wurde. IHN liebte diese Katze. Er war der einzige Mensch, der über sie stolpern durfte, ohne danach zu bluten. Niemals bekam er ihre Krallen zu spüren, nicht mal, wenn er viel zu fest in ihr Fell griff. Neben ihm rollte sie sich ein und schlief mit ihm um die Wette. Er war IHR Seelenmensch – und ich bin dankbar, dass sie ihn noch kennenlernen und ein paar schöne Jahre mit ihm verbringen durfte. Und umgekehrt. Als Lilly starb, war mein kleiner Floh ungefähr drei Jahre alt. Er stotterte fast sechs Monate … vom Tag ihres Todes an. Es war seine Art, diesen ersten echten Verlust in seinem Leben zu verarbeiten. Es brach wieder mein Herz.

Ich muss gestehen, danach hatte ich die Schnauze voll von Haustieren. Ja, ich liebte das Leben mit Katzen und auch, wie wichtig sie für die Kinder wurden. Aber diese Abschiede. Es war einfach zu viel. Selbst zu leiden, okay. Aber die Kinder so leiden zu sehen … mein Gott. Mein Söhnchen litt mit diesem stillen und zugleich hörbaren Ventil, meine Tochter trauerte beim ersten Mal so exzessiv, dass ich dachte, wir würden es ohne Hilfe vielleicht nicht durchstehen. Wir schafften es, begleitet von tollen Büchern, einer befreundeten Psychotherapeutin und sehr, sehr vielen tränenreichen Gesprächen, doch es dauerte jedes Mal Monate.

Natürlich ist es wichtig für Kinder, auch das zu lernen … wie wir uns verabschieden und trauern, den eigenen Weg dafür zu finden und irgendwann weiterzugehen, ohne sich jeden Abend in den Schlaf zu weinen. Trotzdem spürte ich zum ersten Mal in meinem Leben, dass ich eine Haustier-Pause brauchte. Auch weil man mit kranken Tieren nicht nur mitleidet, sondern sie pflegen muss. Oder – in unserem Fall – wirklich sehr, sehr viel Kotze aufwischt. Jahrelang. Deshalb verschenkten wir alles, wirklich alles an den Katzenschutzbund.

## Und jetzt? Kindheit ohne Tiere?

Während mein Herz erst mal keinen Raum für neue Fellbewohner in unserem Leben hatte, sehnte sich das Herz der Tochter maßlos danach. Sie blieb an jedem Hund stehen, dem wir begegneten. Sie konnte sich nicht mehr auf ihre Freundinnen konzentrieren, wenn irgendwo eine Katze vorbeilief. Sie redete pausenlos davon, wie sehr sie ein Tier vermisste, das abends mit ihr im Bett schlief. Doch ich blieb hart und hoffte, es würde vergehen … oder sich zumindest hinauszögern lassen.

Ein Jahr später rief mich eine meiner engsten Freundinnen an. Ihre Katze war einmal rollig ausgebüxt und hatte dann ein paar Tage später in die Küche gekotzt. »NEIN!«, brüllten wir beide gleichzeitig ins Telefon … wir ahnten sofort, was kurze Zeit später zur Gewissheit wurde. Und wieder etwas später erblickten UNSERE zukünftigen Kätzchen im Kleiderschrank meiner Freundin das Licht der Welt. Logischerweise schmolz mein Herz schneller als ein Schneemann in der Sonne, als wir sie zum ersten Mal besuchten – es gab keine Chance mehr für ein »Nö du, danke, aber wir möchten gerade keine Katzen!«. Wir besuchten sie alle zusammen superhäufig, sodass sie sich schon an uns gewöhnen, aber gleichzeitig lange bei ihrer Mama bleiben konnten. Und irgendwann zogen sie dann um. Tja, und so kamen wir wieder zu zwei Katzen. Ganz andere Typen als die davor. Mit unglaublich doofen Macken. Sie sind wirklich oft nervig, aber sie werden geliebt und umsorgt. Logischerweise war der Plan, dass vor allem das Tochterkind ordentlich mithilft, die Katzenklos macht und sich täglich kümmert ... aber machen wir uns nichts vor: Wie in den meisten Familien bleibt fast alles an der Mama hängen. Sagen wir so: Ich arbeite stetig daran, dass sich das dauerhaft ändert, denn ich finde es wichtig, dass sie lernt, Verantwortung für ihren großen Wunsch nach Haustieren zu übernehmen. Das Söhnchen übrigens könnte auch ohne Tiere leben; er findet die Katzen toll, aber sein Herz verlangte nicht so intensiv danach wie das seiner Schwester. Menschen sind eben auch in diesem Punkt absolut verschieden.

»Mama, können wir nicht auch noch einen Hund haben?«, werde ich oft von meinem ersten Kind gefragt, aber das verneine ich. Weil ICH nicht die Kapazitäten dafür habe, es den Katzen gegenüber nicht fair fände (die finden Hunde echt kacke) und auch der Hund nicht glücklich wäre, weil wir nun mal in einer Kölner Stadtwohnung leben. Und auch so was müssen Kinder in Bezug auf Haustiere lernen und begreifen, finde ich. Dass nicht alles gleichzeitig geht, dass jedes weitere Lebewesen Zeit benötigt und genauso Recht auf Glück hat wie man selbst. Tiere dürfen nicht zu Sammelobjekten für Kinder werden. Oder was meinst du?

## FAZIT

Manche Kinder brauchen Tiere in ihrem Leben. So wie meine Tochter. Sie braucht sie ganz doll. Aber es muss für alle Familienmitglieder passen; auch für die tierischen. Damit alle zusammen glücklich sein können.

# MEDIENKONSUM – DIE THEMATISCHE HANDGRANATE IN DER MUTTI-DIMENSION!

## Ich wollte klare Grenzen setzen

Letztens saß ich in Hörweite eines jungen Pärchens, das gerade dabei war, sich die gemeinsame Zukunft auszumalen. Ich wollte nicht mit Absicht lauschen, aber es war so zauberhaft und romantisch … und natürlich meilenweit weg von dem, was ich aus meiner Perspektive als Realität bezeichnen würde. ABER ES WAR SO SÜSS! Und genau so muss es auch sein, finde ich.

Als die beiden beim Thema Kinder und Kindererziehung angelangt waren, betonte die junge Frau vehement, dass der Nachwuchs wirklich viele Jahre null Kontakt zu Medien haben solle, weil das heutige TV-Programm für Kinder ja bei Weitem nicht mehr so schön wäre wie früher, als noch Tom & Jerry geguckt wurde.

Erst mal staunte ich etwas, dass sie diese doch eher aus meiner Kindheit stammenden Serien überhaupt noch kannte, und überlegte dann, ob es wirklich für Kinderpsychen besser gewesen war, einer Katze und einer Maus dabei zuzusehen, wie sie sich gegenseitig zerhackten, in die Luft sprengten oder bei lebendigem Leib durch den Fleischwolf drehten, als Leo Lausemaus auf einen Ausflug an den Strand zu begleiten. Aber hey, was weiß ich schon!

Ich mochte ihre Einstellung dennoch, weil sie mich so sehr daran erinnerte, wie ich vor über zehn Jahren über die Nummer mit dem Medienkonsum in Bezug auf Kindergemüter dachte, wie ich mir vorgenommen hatte, meine Kinder grundsätzlich NIEMALS vor der Glotze zu parken, nur um MIR etwas Freizeit zu gönnen, und dass ich, wenn überhaupt, die ganze Zeit danebensitzen würde, um ja kontrollieren zu können, was geguckt wird. Jawohl!

Na ja, sagen wir so ... MÖGLICHERWEISE habe ich zugelassen, dass meine eigenen Vorgaben unwesentlich von meiner gelebten Realität aufgeweicht wurden.

## Was aus meinen klaren Grenzen wurde

Vorab: Mir ist durchaus bewusst, dass das Thema Medienkonsum definitiv zu jenen Themen gehört, die in der Mutti-Dimension ähnlich gefährlich sind wie eine Handgranate, aus der bereits jemand den Stift gezogen hat. Eigentlich rennt man am besten einfach weg, sobald das Gespräch in die Richtung geht, oder man beschränkt sich zumindest ausschließlich darauf, unverfänglich zu lächeln und jeglichen Blickkontakt zu vermeiden – mit ALLEN Umstehenden. Ich wage es dennoch hin und wieder, mir öffentlich Gedanken darüber zu machen, weil ich das Thema so wichtig finde.

Das Ding ist: Unsere Kinder wachsen in einem digitalen Zeitalter auf; Medien und Medienkonsum gehören dazu, ob wir wollen oder nicht. DENNOCH habe ich beim ersten Kind wirklich großen Wert darauf gelegt, dass es null Kontakt dazu hatte. Nix mit: Der Fernseher läuft einfach im Wohnzimmer oder mein Handy liegt in Kinderhänden. Natürlich habe ICH es trotzdem in der Gegenwart von Baby bzw. Kleinkind genutzt, aber nur sehr begrenzt, zum Beispiel während der Einschlafbegleitung oder während des Stillens und IMMER nur so, dass es meine Tochter nicht tangierte. Fast zwei Jahre zog ich durch … dann lud ich die erste kleine App auf mein Smartphone, die sie bedienen durfte. Ich brach damit ein Siegel, ich öffnete ein Tor, ich überschritt eine selbst geschaffene Grenze – und ich liebte es! Zu meiner Schande. Oder auch nicht. Doch! Ich hatte lange ein schlechtes Gewissen deswegen. Weil es schnell mehr wurde, sie extrem affin damit umging, und ich es so wahnsinnig genoss, ihr ein iPad aufstellen und endlich wieder in Ruhe duschen gehen zu können. ICH LIEBTE die 15 Minuten Extrazeit morgens im Bett, die ich plötzlich noch dösen durfte, weil Zwergnase damit beschäftigt war, Kühe muhen zu lassen oder Videos zu Kinderliedern anzuschauen. Und als ich dann schwanger mit Kind zwei wurde, wochenlang die Kloschüssel meine *bestie* nannte, aber die zukünftige große Schwester immer noch nicht in der Kita war, entglitt mir die Bedeutung des Wortes »Medienzeit« gefühlt gänzlich. Und ich muss gestehen: So ganz kam ich nie zurück zu meiner ursprünglichen Einstellung.

Kindlicher Medienkonsum gehörte von da an zum *daily business*, wenn auch stark kontrolliert und fürs zweite Kind erst mal genauso tabu wie für das erste. Allerdings nicht so lange, denn die große Schwester startete die Medienerziehung des kleinen Brüderchens natürlich früher, als ich es damals bei ihr zugelassen hatte. Dennoch bin ich mittlerweile *fine* damit, wie wir es handhaben. Und zwar so:

Beide Kinder haben theoretisch freien Zugang zu Medien – zu Tablets, TV und einer Konsole. Seit der Pandemie gibt es bei uns tatsächlich keine zeitlichen Beschränkungen … also keine festgelegte Medienzeit pro Kind. Damals mussten der Mann und ich beide Vollzeit weiterarbeiten trotz der zu Hause zu betreuenden Kinder; ohne »Nanny Netflix« wäre es unmöglich zu schaffen gewesen. Wir sind bei dem – nennen wir es mal – »offenen Konzept« geblieben, weil es bei uns gut funktioniert. Ich bin sehr viel draußen unterwegs mit den Kindern, wir haben extrem oft Freunde und Freundinnen zum Spielen bei uns, beide Kinder machen von sich aus die Flimmerkiste AUS, um sich pädagogisch sinnvoller zu beschäftigen (mit Spielen, Malen oder Der-Mama-mal-wieder-einen-Knopf-an-die-Backe-Labern) und fragen mich IMMER, ob und was sie schauen dürfen. Und ganz ehrlich: Damit bin ich glücklich. Ich persönlich sehe es mittlerweile tatsächlich recht locker und lasse sie schauen, wenn sie möchten. Ich habe das Gefühl, für meine beiden ist es – individuell betrachtet – so okay. Und ich schäme mich nicht mehr dafür, wenn ich sie auch mal bewusst vor der Glotze parke, weil ich noch arbeiten muss oder schlicht selbst eine Auszeit brauche. Aber ich lege immer noch viel Wert darauf, zu wissen, was sie sich ansehen oder spielen ... und ich sage Nein zu einigen Sachen, die zum Beispiel ein Menschenbild transportieren, das ich (ganz individuell, aber nicht allein) nicht mehr für zeitgemäß erachte. YouTube gibt's hier nur sehr eingeschränkt, und bei manchen Serien rollen sich mir so dermaßen die Zehennägel hoch, dass ich die auch auf die No-Go-Liste setze. Das heißt aber nicht, dass die Kinder keinen Unsinn schauen dürfen; ich mache das schließlich ebenfalls zur Entspannung. So ist auch ihnen das gegönnt ... Ich entscheide nur ein bisschen mit, aus dem Bauch heraus, weil ich das in meinem Aufgabenbereich als Mama sehe.

## Geht »richtiger« Medienkonsum für Kinder eigentlich?

Ich denke, wir Eltern müssen uns klarmachen, dass Medien für unsere Kinder relevant sind. Und auch schon früh. Es lässt sich kaum vermeiden, weil das Thema allgegenwärtig ist. Ich denke außerdem, dass es mittlerweile Teil unseres Erziehungsauftrages ist, unseren Kindern einen sicheren Umgang mit Medien beizubringen, ihnen zu vermitteln, wo Risiken liegen und wo Vorteile. Dafür müssen **WIR** diese aber kennen!

Ich glaube, dass es wichtig ist, sie Tablet & Co ausprobieren zu lassen, aber dabei wirklich zu begleiten … ein bisschen so wie beim Radfahren-Beibringen. Wir halten sie, erklären, wie es geht, setzen ihnen einen Helm auf und irgendwann lassen wir los, damit sie allein fahren können.

Wie in allen Bereichen der Elternschaft bin ich auch in Sachen Medienkonsum absolut dafür, dass jede Familie ihren individuellen Weg finden muss. Bei den einen klappt es super mit klaren Medienzeiten, bei anderen klappt es super mit schwammigen Regeln wie bei uns. Alles geht; nur komplett davor »beschützen« können wir Kinder heutzutage (glaube ich) nicht mehr. Wir müssen sie vorbereiten; sie fahren so früh allein auf der Datenautobahn. Mit zehn Jahren haben viele schon Handys und nutzen diese oftmals ohne Sicherungen, weil Eltern selbst nicht so genau wissen, was da möglich ist … in alle Richtungen. **DAS** finde ich persönlich sehr viel gefährlicher, als sie länger als eine Stunde am Tag ein Tablet nutzen zu lassen. Aber vielleicht bin ich mit dieser Aussage gerade die Handgranate, aus der bereits der Stift gezogen wurde. 😉

### FAZIT

Wie bei allen anderen Themen brauchen wir auch hier, nein, **BESONDERS** hier viel mehr Akzeptanz für unterschiedliche Herangehensweisen in der Erziehung. Ich betone das auch noch mal für mich selbst!

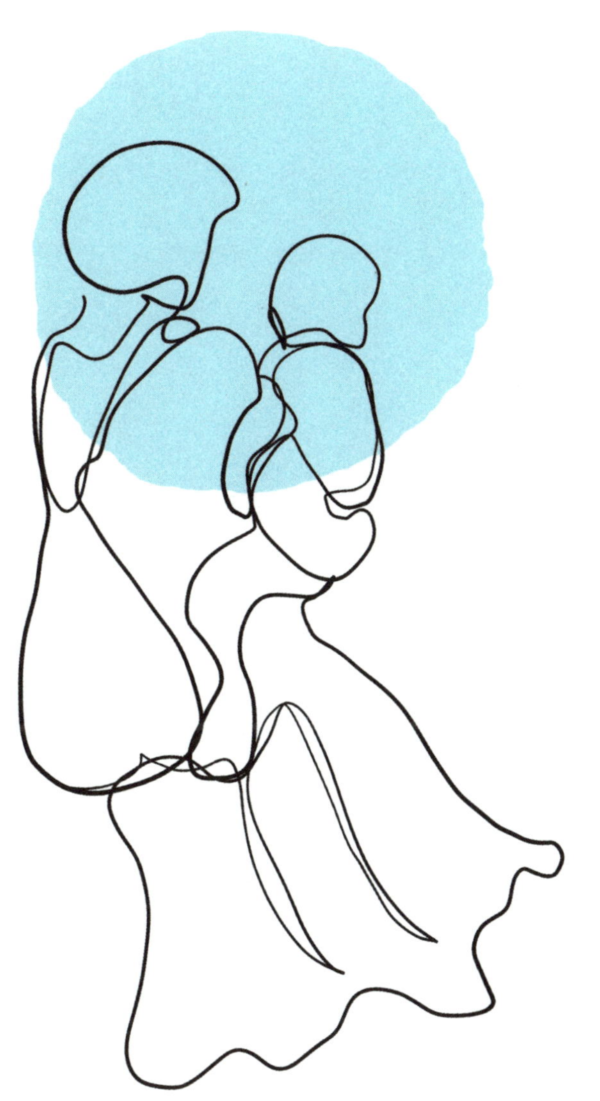

# MUTTERSCHAFT VERÄNDERT ALLES – AUCH UNS SELBST

## »Ich bleibe, wie ich bin … natürlich!«

Ohne jetzt pathetisch und übertrieben emotional klingen zu wollen, aber ich habe mir wirklich nicht mehr für mein Leben gewünscht, als eine Mama sein zu dürfen. Ich hatte schon immer einen sehr starken Kinderwunsch, und genauso groß war gleichzeitig die Angst, vielleicht keine Kinder bekommen zu können, aufgrund meiner medizinischen Vorgeschichte. Der Plan B war daher schon bei mir als Fünfjährige, dass ich im Fall der Fälle einfach adoptieren würde. Und zwar zehn Kinder. Es war mir halt WIRKLICH wichtig, Mama zu werden. Und deshalb beschäftigte mich das Thema auch immer. Ich fing früh an, mir mit Babysitten etwas Geld zu verdienen, und zog das so lange durch, bis die ersten Freundinnen in meinem Umfeld Mutter wurden. Ich half supergern, wo ich konnte, sofern Unterstützung gewünscht war, und lernte gefühlt alles im Vorbeigehen, was ich für die eigene Mutterschaft eines Tages an Wissen und Kompetenzen benötigen würde.

Als es dann tatsächlich ENDLICH so weit war (leider meines Erachtens etwas spät, aber ich hatte ewig auf den richtigen Mann an meiner Seite warten müssen, während ich von einer ätzenden Beziehungserfahrung in die nächste purzelte), hielt mein 37. Geburtstag bereits in der Nähe Blickkontakt mit mir … sozusagen. Vorteil: Ich war eine in jeder Hinsicht gestandene Frau und ich fühlte mich schlicht übermäßig bereit für die schon ewig lang herbeigesehnte Rolle als Mutter. Ich war absolut sicher, dass mich nichts aus der Ruhe oder gar aus dem Konzept bringen würde. Und was mich selbst, also meine Persönlichkeit, mein ICH, anging, fühlte ich mich ebenfalls *safe*, schließlich war ich keine 25 mehr und auf der Suche nach mir, sondern in einem Alter, in dem man sich längst gefunden hatte! Lediglich der Aspekt, was so eine Schwangerschaft mit dem Körper anstellen konnte, bereitete mir etwas Sorgen. Zum einen wegen der besagten gesundheitlichen Baustellen, zum anderen, weil ich die Nachwehen einer zehn Jahre währenden Essstörung immer noch spürte. Beides sprach klar dafür, so wenig wie möglich zuzunehmen, um ja nicht die Kontrolle über meinen Körper zu verlieren. In diesem Punkt machte ich mir selbst klare Ansagen, an die ich mich genauso halten würde wie daran, NATÜRLICH immer ich zu bleiben.

## Überraschung! Mutterschaft verändert alles – auch uns selbst

Bevor ich ins Detail gehe, möchte ich mal kurz Folgendes auf den Punkt bringen: Die Mutterschaft hat mich krass verändert … Sie hat mich in jeglicher Hinsicht zu einer viel besseren Version von mir selbst gemacht, so wie ich es mir vorher nie hätte vorstellen können. Ich könnte platzen vor Dankbarkeit dafür, denn ich mag mich selbst mittlerweile hart gut leiden, und das konnte ich früher leider nicht immer behaupten.

Klar, niemand weiß, in welche Richtung ich mich entwickelt hätte, wäre mein Lebenstraum nicht (auf gar keinem Weg) in Erfüllung gegangen. Möglicherweise wäre ich mit irgendwas krass Abgefahrenem supererfolgreich geworden (Ich habe keinen Schimmer, was das hätte sein können, aber ich dachte, ich schreib's trotzdem mal hin!). Bestimmt hätte ich mich selbst auch ohne Nachwuchs irgendwann überraschend noch mehr gefunden, ohne zu ahnen, dass da noch ein Mehr zu erwarten gewesen war. Vielleicht wäre ich viel gereist … oder hätte jetzt einen Hund.

Auch mein Körper wäre nicht so geblieben wie vor den Schwangerschaften – selbst ohne Schwangerschaften, denn der nagende Zahn der Zeit braucht nicht zwingend den Hormon-Super-GAU, um Po und Brüste Richtung Boden wandern zu lassen.

Ich habe keine Ahnung, was aus mir geworden wäre … aber ich denke auch nie darüber nach, denn ich lebe ja in dieser Realität, in der ich die Mama von diesen beiden Granaten bin, die mir seit über einem Jahrzehnt den Schlaf rauben und meine Gedanken bestimmen wie nichts anderes. Penetrant sind die, wirklich, anders kann man das nicht nennen.

## Was Hormone und das Leben (mit Kindern) aus mir gemacht haben

### Mein Körper & ich

Es gibt Frauen, die machen einfach ab dem siebten Monat den obersten Knopf ihres Jeans-Minirocks auf und das war's. Ein paar Tage nach der Geburt sehen sie aus wie früher, packen ihr Baby in so einen Jogging-Kinderwagen und sind *back to life*! (Hab ich mir nicht ausgedacht, sondern mit eigenen Augen gesehen! Unnötig zu erwähnen, dass die Dame mir nicht so besonders sympathisch war.) ICH war natürlich anders. Logisch. Offenbar hatte mein Körper mir nämlich nicht zugehört, als ich BESTIMMTE, dass hier keine Schwangerschaftskilos gesammelt werden wie Porzellan-Elefanten. Bei der Tochter nahm ich 28 Kilo zu, beim

Söhnchen »nur« 25 Kilo. Jeder Arzt, dem ich begegnete, fragte bei wirklich JEDER Begegnung, ob der Zucker-Test ehrlich negativ gewesen wäre. Irgendwann meckerte ich schon beim Reinkommen: »Keine Sorge, ich bin nur fett!« Und damit war's dann gut. Aber ich litt natürlich … hauptsächlich psychisch. Und leider half es mir nach den Geburten auch wenig, dass der (Social-Media-)Trend dazu ging, die Figur von frisch entbundenen Frauen in Ruhe zu lassen oder sogar zu feiern, denn ICH hatte ja ein Selbstbild im Kopf, das nun nicht mehr passte. ICH bin groß geworden in einer Zeit, als die ersten Magermodels die TVs eroberten. ICH hatte zehn Jahre lang eine Essstörung und fühlte mich trotz des größten Glücks meines Lebens in meinen Armen mit mir selbst nicht mehr wohl. ICH kämpfte mit meiner Sozialisierung, die ich in dieser Form auf gar keinen Fall an meine Tochter weitergeben wollte. Aber ICH musste zurück zu MEINEM Körper finden. Für mich.

Ich habe es beide Male geschafft. Es hat lange gedauert, aber im Endeffekt bekam ich immer meine ungefähre Figur zurück und schätzte diesen Umstand enorm. Natürlich wiege ich etwas mehr als mit Mitte 30, aber tatsächlich nicht so viel, dass es mich optisch total stören würde. Ich bin viel weicher als früher, was aber auch dem Alter, dem mangelnden Sport und meiner miesen Ernährung geschuldet ist (Ich möchte das an dieser Stelle nicht diskutieren!).

Die Dellen und Besenreiser sind nicht schön, aber sie rauben mir nicht den Schlaf. Nur im Bikini fühle ich mich maximal unwohl. Aber seien wir mal ehrlich: So geht es doch den meisten Frauen, oder?

### Mein altes & mein neues Ich

Eigentlich viel spannender als die körperlichen Veränderungen sind die, die man nicht auf den ersten Blick sehen, aber vielleicht schon fühlen kann. Ich habe irgendwo mal gelesen, dass nicht nur ein Kind geboren wird, sondern im selben Moment auch eine Mutter. Mir steigen jedes Mal die Tränen in die Augen, wenn ich das sage oder schreibe, denn es stimmt, und wir sollten das nie vergessen. Eine Geburt ist immer ein Neuanfang – im positiven Sinne. Wir Mütter lernen und entwickeln uns und unsere Fähigkeiten so unfassbar schnell, ab dem Moment, wo die Nabelschnur durchtrennt wird ... Es ist der Wahnsinn, und wir sollten jeden Tag platzen vor Stolz auf uns! Wir lernen, mit Schweizer-Käse-Schlaf nicht nur zu überleben, sondern eine Familie, einen Alltag und oft auch noch einen Job zu managen. Wenn ich mir da mein altes Ich anschaue, das zwei Tage auf der Couch liegen und regenerieren musste, wenn es mal EINE Nacht unterwegs gewesen ist ... Oh Himmel, ich komm aus dem Lachen kaum mehr raus!

Oder die Prioritäten? Wie wunderbar werden sie durch das Bewusstsein verschoben, dass man ein Vorbild ist? Dass man nicht nur bedingungslos geliebt, sondern so verdammt intensiv gebraucht wird! Dass alles, was man sagt oder tut, eine (Aus-)Wirkung hat ... eine nachhaltige ... auf einen kleinen Menschen, den man selbst erschaffen hat. Das ist so ein krasses Wunder; wir sollten uns echt jeden Tag gegenseitig daran erinnern!

Charakterlich war ich früher schüchtern und zurückhaltend (außer mit ein paar Bier intus). Ich habe mein Licht nicht unter den Scheffel gestellt, ich habe es dort geparkt und nie wirklich an meine Fähigkeiten geglaubt. Aber jetzt ... jetzt sehe ich diese fantastischen Kinder, die zumindest ein Stück weit so fantastisch sind, weil ich pädagogisch immer wieder mal ein Korn finde! Sie sind so voller Talent und Potenzial, so voller Mut und Liebe, so bereit – schon jetzt –, ihr Leben richtig anzupacken und zu genießen. Sie haben große Ambitionen, und jeder hat einen ganz eigenen Kopf. Sie glauben felsenfest an sich selbst und finden sich selbst wunderschön. All das, obwohl ICH so lang ganz anders für mich selbst empfunden habe. Ich bin so stolz, denn (bisher) habe ich meine Sozialisation nicht übertragen. Nicht in den wichtigen Punkten. In anderen vielleicht. Aber was Selbstbewusstsein, Selbstliebe und Vertrauen in die eigenen Fähigkeiten angeht, habe ich bis hierhin einen guten Job als Mama gemacht und werde genau auf dieser Schiene weiterfahren. Und mitlernen. Jeden Tag! Und die Veränderungen bestaunen, die die Mutterschaft in mir ausgelöst hat. Ich bin nämlich nicht mehr schüchtern und zurückhaltend, ich bin mutig geworden und weiß, was ich kann und wert bin. Natürlich zweifle ich täglich situationsbezogen an meinen Mutti-Skills … aber nicht am Kern. Ich mach das insgesamt ziemlich gut, kann ich von mir selbst sagen. Anders, als ich früher gedacht hätte … aber ich BIN ja auch heute anders. Meine Prioritäten sind anders als mit Mitte 20 oder Anfang 30. Ich habe mehr Lebenserfahrung … ganz allgemein, aber eben auch als Mama, Ehefrau und beruflich selbstständig arbeitende Kreative.

Ich hab keine Ahnung, ob ich auch ohne die Erfahrung, Mutter zu sein, zu diesem ICH gefunden hätte, aber die Frage stellt sich ja auch eigentlich gar nicht. Wichtig ist nur, dass ich die Veränderungen mag und MICH mehr mag als früher. Und das wünsche ich wirklich jeder Frau, jeder Mama.

## PS: Ganz kurz noch zum Thema Klamotten-/ Look-Veränderungen

Ich glaube, bei vielen Frauen tut sich da einiges, wenn sie Kinder bekommen, weil sie vorher vielleicht High Heels und schicke Kleidung geliebt haben. So ein Look ist oft schwer kompatibel mit der Mutterschaft, aber wenn das Herz daran hängt, sollte auch das kein Problem sein. Bei vielen Mamis sieht man jedoch, dass gerade in den Spielplatz-Zeiten alles sehr leger wird, Jeans und T-Shirt plus Sneaker werden sozusagen zur Uniform. Bei mir gab's da nicht so viel umzugestalten, denn ich war schon immer der Doc-Martens- & Jeans-Typ … und bin genau das geblieben. Ich kombiniere nur mittlerweile gern mal Schmuck dazu und bunte Fingernägel, ich trage die Haare kürzer und habe die Handtasche gegen einen Rucksack getauscht, weil da mehr Kinderkram reinpasst. Aber optisch bin ich immer noch die alte Anke, mit Nasenring und ohne großes Make-up … so wie schon immer!

## FAZIT

Ja, Kinder verändern alles und auch uns selbst. Und ja, dieser Satz klingt irgendwie bedrohlich. Ich persönlich kann aber sagen, dass die Richtung top ist. Ich mag sie alle, die Veränderungen. Na gut, bis auf die Besenreiser … ey, die mag aber echt keiner!

# KRANKSEIN – ERWISCHT ALLE MAL, ABER BESSER NICHT DIE MAMA

## Was mir vor der Mutterschaft »völlig normal« erschien

Auf den Punkt gebracht: krank sein dürfen. Also, ich meine so etwas »Profanes« wie zum Beispiel jegliche Form von Erkältungskrankheiten mit möglichen Upgrades auf eine amüsante Nasen-Nebenhöhlen-, Ohr- oder Halsentzündung. So was halt, nix Wildes. Aber eben ausreichend, um bei der Arbeit Bescheid zu geben, dass man mit etwas Temperatur daniederliegt und sich laut hausärztlicher Aussage die nächsten zwei bis drei Tage schonen soll! Mit »schonen« meint man dann selbstverständlich, dass man zwölf Stunden durchpennt, anschließend vom Bett zur Couch wankt und sich dort den kompletten Tag über nur noch wegbewegt, wenn man wirklich ganz dringend eine Suppe, etwas neuen Tee oder heilende Schokolade benötigt. Davon abgesehen liegt man die Sache sozusagen aus, bemitleidet sich aufgrund allgemeiner Verrotztheit und harrt der Dinge, die da kommen … im Fernsehen. (Das klingt in meinen Mama-Ohren von heute echt verführerisch!)

Jedenfalls dachte ich früher: SO geht Kranksein! Weil ich

es nur so kannte. Wobei ich dazu sagen muss, dass ich schon immer eher schlecht im Kranksein war. Es gibt Menschen, die können das gut, dieses Schonen und Liegenbleiben, dieses Dem-Körper-Ruhe-Gönnen-und-Heilen. Und vorab das Erkennen, dass dieses entspannte Verhalten gerade mal angebracht ist. ICH gehörte nie zu diesen Menschen, was ich ernsthaft schade finde. ICH war immer schon Team »Das-geht-noch-ich-bin-noch-nicht-RICHTIG-krank«. Ich saß auch mit fast 39 Fieber brav (oder dumm) am Rechner im Büro, arbeitete eilig irgendwelche Aufgaben ab, völlig in Panik, dass ich möglicherweise mal einen ganzen Tag ausfallen würde. Nicht weil ich so verdammt wichtig war in der Agentur, sondern weil ich eben SO ein Mensch bin. Ich hasse es, krank zu sein, nicht die volle Power zu haben und nutzen zu können. Ich wehre mich IMMER, solange es möglich ist, dagegen, wirklich krank zu sein. Früher wurde ich dann irgendwann heimgeschickt, damit ich meine Kollegen und Kolleginnen nicht ansteckte (voll richtig!), nur um zu Hause dann in Putzwahn zu verfallen, um mir selbst zu beweisen, dass ich gar nicht echt krank bin. Jawohl! (Falls du das idiotisch findest, gebe ich dir recht. Falls du genauso bist: Willkommen im Klub!)

DENNOCH liebte ich es, die Option zu haben, krank sein zu dürfen, wie es sich gehört … in der Horizontalen vor der Glotze. Ich mochte die Idee davon. Und ganz selten setzte ich sie auch mal um, wenn ich die 39 Grad Fieber überschritt und mein Körper mir damit per Gongschlag eine ernsthafte Auszeit bescherte. DANN lag auch ich … und genoss es sogar ein wenig. Aber verrat das niemandem. 😂

Als ich im hohen Alter von 36 Jahren dann endlich ein Kind unter dem Herzen trug, war mir natürlich klar, dass es dieses reine Rumliegen und Rotzfahnen-auf-dem-Boden-Sammeln, bis sich der grippale Infekt in virenfreie Luft auflöst, nicht mehr geben würde. Zumindest nicht ganz so. Schließlich wäre da in Zukunft ein (und später sogar ein zweites) kleines Menschlein, das vielleicht ebenfalls krank sein und meine herzliche Aufmerksamkeit benötigen würde. Oder fit bliebe, während ich etwas schwächelte. Aber wie schwer würde es schon sein, das wegzustecken? Zum einen wäre da noch der Göttergatte, zum anderen … der Streaming-Dienst als Nanny. Irgendwann zumindest; natürlich erst, wenn das kindliche Gehirn dem gewachsen wäre. Logisch.

Insgesamt stellte ich es mir nicht gar so problematisch vor. Und ganz wichtig: Kranksein wäre für mich außerdem auch weiterhin nur eine Ausnahme. Da war ich wohl etwas blauäugig zu diesem Zeitpunkt. Denn …

## Was ich als Mama nun überraschend beherzt vermisse

Auf den Punkt gebracht: krank sein dürfen! Und zwar nicht nur die Option zu haben, sondern sie auch zu nutzen. Aus mehreren Gründen.

1. Ich hatte wirklich keine Ahnung, wie oft Kinder irgendwelche Keime, Viren und Bakterien in so einen Familienhaushalt einschleppen und dann sehr bereitwillig mit allen Anwesenden teilen. Ganz am Anfang dieses Bazillen-Abenteuers führte ich mal mit einem Kinderarzt genau darüber ein Gespräch, weil wir zum dritten oder vierten Mal in diesem einen Herbst krank waren (und zwar nicht nur der Spross, sondern Mama und Papa auch) und ich langsam an dem Status unseres Immunsystems zweifelte.
2. »Sehen Sie, es ist ganz normal, dass Kinder pro Jahr ca. zwölf bis vierzehn Infekte durchmachen«, erklärte er. Bevor ich dazu sagen konnte, dass einer im Monat ja noch okay wäre, fügte er hinzu: »Das knubbelt

sich allerdings meist in den Monaten von November bis Februar.«

3. Ich riss die Augen auf und zischte: »Aber das wären ja drei pro Monat … Heißt das, mit Kind ist man im Winter dauerkrank?«
4. Er zuckte ein bisschen die Schultern und lächelte milde: »Und ihr Kind ist noch nicht mal in der Kita bisher.«
5. Was soll ich sagen? … Ich fand den Mann an diesem Tag mehr als unsympathisch und glaubte ihm kein Wort! Allerdings wurde ich eines Besseren belehrt.
6. Dass ein kindliches Immunsystem viel zu lernen hat und daher im Prinzip jeden Virus und jedes Bakterium mit einer persönlichen Einladung versieht, doch mal kurz reinzuschauen, empfand ich als nachvollziehbar. Was mich kalt erwischte, war der Umstand, dass man sehr viel davon als Eltern nicht nur aus der zweiten Reihe zuschauend mitmacht, sondern – weil an der Front abgeholt – RICHTIG mit durchspielt. Und wir liegen flach mit den Mitbringseln der Kleinen. Ganz besonders mit denen aus der Kita. Ich schwöre, ich war nie zuvor so oft und so elendig krank wie im ersten Kita-Jahr meiner Tochter. Wir haben alles, wirklich alles mitgenommen, was so auf dem »Speiseplan« stand und dem wir als Erwachsene kaum etwas entgegensetzen können, weil diese ungefilterte Version von Krankheiten, die Kleinkinder weitergeben, einfach ein ganz anderes Kaliber ist als diese Schnüpfchen, die man sich sonst irgendwo abholt.
7. In einer Familie ist niemand allein krank. Das klingt irgendwie schön. So nach Zusammenhalt

und Gemeinschaft, nach Geborgenheit und Liebe. In Bezug auf Erkrankungen heißt es allerdings: Es ist nicht einer allein, der kotzt, sondern es sind mehrere Menschen gleichzeitig, die einen Eimer benötigen. Okay, entschuldige bitte, das ist natürlich ein ekliges Beispiel, aber tatsächlich ist unsere Familienerfahrung mit dem Noro-Virus eine jener, die sogar der Mann zum Besten gibt, wenn er mit anderen Eltern zusammentrifft und es bei einem Kaltgetränk in gemütlicher Runde auf einmal um eigentlich eklige Themen geht, die uns Müttern und Vätern aber nun mal sehr leicht über die Lippen kommen und befreites Gekicher unter den Zuhörern auslösen. Befreit deshalb, weil es uns alle mal erwischt hat und man zumindest rückblickend zusammen darüber lachen kann.

8. In der entsprechenden Nacht selbst hat natürlich niemand gelacht. Eins der Kinder hat diesen Virus mit nach Hause gebracht, der sowohl mich als auch beide Geschwister innerhalb kürzester Zeit über die Schüssel gezwungen hat. Mein Mann hielt stundenlang Haare, putzte rum, duschte Kinder ab, bezog Betten und kochte Tee. Es war wirklich, wirklich schlimm. Vor allem, weil er die ganze Zeit wusste: Es bestand **KEINE** Chance für ihn, es **NICHT** zu kriegen! Und so fiel auch er irgendwann um, allerdings erst, als ich am nächsten Morgen auf wackeligen Beinen und mit immer noch wabernder Dunkelheit vor den Augen verkündete: »Geht wieder. Jetzt geht's bei mir wieder.« Weg war der arme Mann. Und ich übernahm. Denn die Kids hatte es auch mehr als üblich aus den Schuhen gehebelt ... Sie brauchten Pflege.

Ich fasse noch mal kurz zusammen: In den ersten Jahren mit Kindern lernte ich, dass Kinder wirklich sehr oft krank sind, ihre Infekte enorm gern teilen und man dann als Familie krank ist. ABER nicht alle sind gleichermaßen krank. Damit meine ich nicht die Intensität, sondern viel mehr die Art und Weise, WIE das Kranksein … äh … ausgelebt wird bzw. ausgelebt werden kann.

## Wie die Kinder krank sind

Man kann es nicht oft genug sagen, dass Kinder kleine Wunder sind. Jedes für sich, aber ebenso ganz allgemein – auch in Bezug auf Erkrankungen mit Fieber, Husten, Schnupfen und Ausschlag und … was auch immer die Palette sonst noch zu bieten hat. Wobei es wie immer Unterschiede gibt. Ich habe zum Beispiel ein Kind, das wirklich doll leidet, wenn es krank ist, und das auch mitteilt, aber gleichzeitig KAUM schläft, um dem Körper Ruhe zu gönnen. Und ich habe ein Kind, das extrem wenig und selten klagt, dafür VIEL schläft. Gemeinsam haben sie, dass sie ungeheuer schnell fertig sind mit dem Kranksein. Ich staune auch heute noch, nach über zehn Jahren als Mutter, wie flott diese Kinder es jedes Mal schaffen, von »Mama, es geht mir so schlecht!« zu »Achtung, jetzt springe ich von der Couch und renne dann wie ein geölter Blitz durch die Bude« zu kommen, während sich bei mir jede Erkältung zieht wie Kaugummi, den mir jemand so richtig schön tief in die Haare einmassiert hat. Ich glaube, die meisten Eltern würden das unterschreiben, weil sie es genauso erlebt haben oder erleben. Du auch? Kinder sind wirklich Wunder und packen so vieles besser als wir Großen. Es ist erstaunlich.

PS: Sie liegen natürlich dennoch drei Tage im Bett, spielen und leben dort … oder schauen was auf dem Tablet, weil es wundervoll ist, auf diese Weise mit einem Infekt krank sein zu dürfen.

### Wie der Mann krank ist

Wie früher. Einfach wie früher, als wir noch keine Kinder hatten. Meist kündigt er es einen Tag vorher schon mal vorsichtig an mit Sätzen wie: »Schatz, ich glaube, ich habe ein Nasengeräusch!«, was dann gleichbedeutend ist mit: »Ey, morgen lieg ich flach mit 'nem Männerschnupfen des Todes!« Und so kommt es dann auch. Eine Erkältung bzw. Männergrippe ist nun mal nichts, mit dem zu spaßen ist. Das haut die stärksten Männer eiskalt aus den Socken! Mit schlimmem Fieber (so um die 37,8) und bodenloser Schlappheit, die nicht nur völlig nachvollziehbar verhindert, dass MANN arbeiten geht, sondern auch, dass MANN das Bett verlässt. Da ist tagelanges Liegen angesagt, in einem leicht abgedunkelten Raum, mit Tablet und Handy auf dem Schoß und vielen gemütlichen Kissen im Rücken, um auch mal sitzen zu können. Liebend gern werden dazu von der Gattin regelmäßig servierte Tellerchen mit kleinen angerichteten Schnittchen und Obststücken entgegengenommen und genossen.

Genesung braucht nun mal Zeit! Ist so! Zumindest für Papis! 😉

Ähm, für den Fall, dass das hier jetzt etwas überspitzt, schnippisch und neidisch formuliert klingt, muss ich sagen: Jepp, stimmt! Und wo ich gerade schon dabei bin, ehrlich zu sein, gebe ich auch direkt zu, dass ich manchmal regelrecht sauer auf meinen Mann bin, wenn er krank wird, weil ich weiß, wie er es dann handhaben kann, während es bei mir anders aussieht. Und zwar so:

### Wie ich krank bin

Grundsätzlich bemühe ich mich natürlich stets, einfach NICHT krank zu werden. Das ist allerdings oftmals schwierig, denn die Kinder kleben immer noch viel an mir, was ich grundsätzlich mag, nur halt nicht, wenn meine Frisur im Hustenwind weht. Aber als Mama sagt man halt nicht: »Sorry, Mäuschen, bei deinem Husten und Schnupfen halte ich lieber Abstand zu dir, damit ich mich nicht anstecke!«, sondern: »Komm her, Mäuschen, ich halte dich!« Dennoch hält sich mein Immunsystem mittlerweile wirklich tapfer, nachdem es mit den Kindern durch das Kita-Viren-Bootcamp marschiert ist. Nur selten, wenn ich insgesamt zu viel Stress habe, klappt es zusammen wie ein alter Wäscheständer und fängt sich was ein. Und dann ... tja, eigentlich nix und dann. Ich mach weiter. Ziemlich normal, bis es wirklich nicht mehr geht. Ich arbeite weiter, weil ich selbstständig bin und mich niemand nach Hause schickt oder eine Krankschreibung annehmen würde. Ich kümmere mich normal um die Kinder, weil mein Mann tatsächlich nicht besonders gut und viel freinehmen kann, um mal eben spontan zu übernehmen. Und ich schmeiße weiter den Großteil des Haushaltes, weil sonst zu viel liegen bleiben würde, delegiere Kleinigkeiten an die Kinder und verwahre ein paar To-dos für den Mann, die er dann übernimmt, sobald er zu Hause ist. Das meiste jedoch bleibt dennoch in meinem »Tanzbereich« ... und ich bin zu schlecht im Kranksein, als dass ich es ignorieren könnte. Ist mir bewusst, dass das blöd ist? Ja. Kann ich es ändern? Nein, nicht so gut. Aus unterschiedlichen, durchaus auch individuellen Gründen.

### Ist das fair?

Nein, natürlich nicht. Aber dennoch ist es in krass vielen Familien Realität, dass Männer weiterhin so richtige Genesungspausen einlegen, Mütter hingegen maximal kurz zusammenbrechen, jedoch sofort wieder aufstehen, sobald sie einigermaßen fieberfrei sind und klar aus den Augen gucken können.

- Vielleicht, weil wir Mütter komplett verinnerlicht haben, dass **WIR** der Dreh- und Angelpunkt unserer Familie sind und ohne unsere »Leitung« nichts so richtig funktioniert.

- Vielleicht, weil wir zwar gern in der partnerschaftlichen 50/50-Aufteilung der To-dos im Familienalltag angekommen wären, es aber faktisch noch nicht sind. Es gibt solche Familien, aber in sehr, sehr vielen ist es einfach wie eh und je, dass die Mamis alle Fäden in der Hand haben und die Papis gar nicht genug im Game sind, als dass sie mal eben übernehmen könnten.
- Vielleicht, weil die Kinder es so arg gewöhnt sind, mit allem zur Mama zu kommen, dass sie das genauso machen, wenn Mama eigentlich gerade im Delirium liegt oder mit dem Kopf über der Kloschüssel hängt. Letzteres habe ich – wie wahrscheinlich viele Mütter – durchaus schon erlebt: Ich hatte einen Magen-Darm-Infekt und hing über der Toilette, mein Mann war noch im Büro und mein Sohn rief mir aus dem Wohnzimmer zu, dass er wirklich doll Hunger hätte ... wann ich denn die Nudeln kochen würde? Es war ein echter Glanzmoment meines Mama-Lebens. Aber garantiert kein außergewöhnlicher!
- Vielleicht, weil wir selbst schwer loslassen können (ich auf jeden Fall) und lieber weiter durchziehen, als zuzusehen, wie sich die Aufgaben stauen und dann in einem Riesenberg auf uns warten, sobald wir zurück auf dem Damm sind. Ich hasse das wirklich sehr, denn ich habe gefühlt immer zu viel auf dem Zettel und deshalb keine Zeit für die Abarbeitung liegen gebliebener Wäsche usw.

Tja, VIELLEICHT müssten wir Mamis daran irgendwas ändern. Ziemlich sicher sogar. Aber leicht ist es nicht. Wir sind halt auch festgefahren in unseren Verhaltensweisen und Abläufen, wobei das wohl eine eher wenig zweckdienliche Entschuldigung ist.

## FAZIT

Eine RICHTIGE Lösung für das Dilemma, dass Mama eigentlich niemals in Ruhe krank sein darf bzw. im besten Fall einfach gar nicht erst krank wird, habe ich natürlich nicht parat. Aber vielleicht ist die Erkenntnis hier tatsächlich der erste Schritt zur Besserung. Denn wir sind uns wahrscheinlich einig, dass es blöd und unfair ist und schlicht nicht gut für unsere Gesundheit. Ich persönlich werde zukünftig mehr und vor allem früher Aufgaben, deren Erledigung mir wichtig ist, an die anderen Familienmitglieder verteilen und klarer kommunizieren, dass auch Mama mal Ruhe braucht zum Auskurieren und sich dann eben der Papa um alles kümmert. Vielleicht magst du dir das auch vornehmen, sofern es bei dir bisher ähnlich läuft wie bei mir.

# MINI-ME – WIE ICH UND DOCH GANZ ANDERS

## Was ich vorher wusste

MAN SOLL NICHT BLINDLINGS VON SICH AUF DIE KINDER SCHLIESSEN! Ich glaube, so ein ganz klassisches Beispiel für »So besser nicht« ist die (fiktive) Mutter, die selbst als Kind wahnsinnig gern eine Primaballerina geworden wäre, es aber eben nicht geworden ist und diesen Wunschtraum deshalb als Mutter auf ihre Tochter überträgt, die sie schon mit zwei Jahren im Ballett anmeldet und pusht, obwohl Zwergnase eigentlich keinen Bock hat oder es nur mitmacht, weil nie Raum dafür war, etwas aus eigener Entscheidung und Ambition zu wollen. (Sorry für den langen Satz!) Die amerikanische Version dieser Mama-Art ist, glaube ich, jene, die ihr Kind ständig zu skurrilen Schönheitswettbewerben schleppt, weil das eigene (kindliche) Ego gern mal so eine schicke Krone gehabt hätte. Und weil das nie Realität wurde, soll nun der Nachwuchs diesen Traum ausleben … in Vertretung sozusagen.

Dass so was, pädagogisch betrachtet, ein harter Fail ist, war mir (und dir wahrscheinlich auch) schon lange vor der Mutterschaft klar. Genauso, dass es dieses Phänomen des Übertragens nicht nur in Form solch extremer Varianten gibt, sondern auch in deutlich milderer, die sich dann viel flotter, schier unbemerkt, einschleichen kann. Dass man zum Beispiel spezielle Gedankengänge oder Ängste, die man im Rahmen irgendeiner Situation selbst immer hat, über die Kinder »stülpt« wie einen Pullover, den die kleinen Flöhe anziehen müssen, weil die Mama friert.

Ich hatte das auf dem Schirm! Und auch Folgendes:

Kinder sind – ganz im Gegensatz zu immer noch weit verbreiteten Sprüchen – keine leeren Vasen, die von den Eltern und anderen Bezugs- oder Lehrpersonen gefüllt werden wollen. Sie sind von Geburt an vollständige Individuen mit unterschiedlichen Charakteren, Besonderheiten und Bedürfnissen … von den Standards wie Essen, Trinken und Pupu-Machen vielleicht abgesehen. Ihre kleinen Persönlichkeiten müssen sich zwar erst noch entfalten und wir, das soziale Umfeld und viele weitere Außenfaktoren nehmen durchaus Einfluss darauf, aber dennoch sind sie keine gänzlich unbeschriebenen Blätter; und vor allem ist es nicht ihr Job, die unerfüllten Träume ihrer Eltern zu realisieren.

All das war mit so klar wie Kloßbrühe!

On top: Ich liebe den Satz einer Freundin dazu, die vor vielen Jahren mal zu mir sagte: »Es ist so wundervoll, einen kleinen Menschen auf die Welt zu bringen und ihn dann nach und nach kennenzulernen!« Ich LIEBE diesen Satz ganz arg, denn er macht es so deutlich: Kinder sind Individuen … von Tag eins ihrer Geburt an.

Und dann begrüßte ich MEIN erstes Kind mit den Worten: »Hallo Mini-ME!« Joa. 😂

## Was ich leider gar nicht gut kann

NICHT VON MIR AUF DIE KINDER SCHLIESSEN! Ich muss sagen, es hat mich doch sehr überrascht, wie schwer es mir fällt. Also, ich hatte nie das Bedürfnis, meine Tochter zu einer Ballerina zu machen, weil ICH nie eine sein konnte, oder meinen Sohn zu einem Maler zu erziehen, weil ich an mangelndem Talent gescheitert bin ... das hatte und habe ich im Griff! Nein, es sind Kleinigkeiten, bei denen ich mich immer wieder erwische und die ich nur schwer abstellen kann, weil es wie ein von meiner eigenen Sozialisation gesteuerter Automatismus ist.

- ICH habe eine harte Phobie vor Silberfischen. Keine Ahnung, warum, aber es ist so. Und ich habe sie bereits auf beide Kinder übertragen.
- ICH bin wirklich eine miese Esserin, extrem pingelig und mit so vielen »Besonderheiten«, dass mein kompletter Freundeskreis schon Schweißausbrüche bekommt, wenn sie mich in ein Restaurant mitnehmen müssen. Mein Sohn ist genauso wie ich. Vielleicht sogar schlimmer. Und ich gehe davon aus, dass viel davon übertragen ist, weil ich denke: Er ist halt mein Mini-Me ... er mag das alles genauso wenig wie ich. Ich LASSE ihn so verfahren, weil ICH dabei gelassen werden möchte.
- ICH wurde als Kind gemobbt und habe unfassbare Angst, dass dasselbe auch meinen Kindern passiert. Deshalb bin ich in vielen Aspekten extrem hellhörig und übervorsichtig – manchmal bremse ich wahrscheinlich damit positive Erfahrungen aus, die sie machen könnten, weil ICH Gefahren sehe, die vielleicht gar nicht da sind.
- ICH werde krank, wenn ich kalte Füße habe. Ich habe Jahre gebraucht, um zu begreifen, dass es bei meinen Kindern nicht so ist. Dass SIE nicht zwingend Hausschuhe brauchen, nur weil ICH sie brauche.

Es gibt endlos viele Momente in meinem Mama-Alltag, in denen ich merke: »Kacke, ich schließe von mir auf den Nachwuchs … Das geht so nicht … LASS SIE SELBST RAUSFINDEN, WAS ZU IHNEN PASST!« Gleichzeitig gibt es mir ein ultra-warmes Gefühl, wenn ich mich in den Kindern wiederfinde. Dabei sind sie unfassbar unterschiedliche Typen! Beide eine verrückte Mischung aus den Charakter-Tops und -Flops ihrer Eltern, was wir Großen oftmals zum Kaputtlachen, aber manchmal auch echt zum Heulen finden.

So oft sagt einer von uns: »Jepp, ey, das kommt ganz klar von mir … Ich bin genauso!« Und ich hänge dann meist noch dran, dass ich das jeweilige Kind deshalb besonders gut verstehe, voll nachvollziehen kann, was gerade in dem Flöhchen abgeht und was er oder sie nun am meisten braucht. Nicht böse gemeint. Oder »gluckig«. Grundsätzlich wahrscheinlich sogar voll normal … denke ich … und bestimmt nicht total falsch oder krass daneben. Es KANN echt gut gehen und helfen. Aber wahrscheinlich ist es wie mit dem Salz in der Suppe – es muss rein, doch die Dosierung ist wichtig! Also versuche ich mir – trotz all meiner Liebe zum Spiegeln – stetig präsent zu halten, dass meine Mini-Mes nicht wirklich Mini-Mes sind, sondern komplett neue Menschen. Sie sind sie selbst! Obwohl sie durchaus ähnliche Eigenschaften haben, vererbt von meinem Mann und mir, entfalten sie diese in einem ganz anderen Raum als wir damals. Sie haben andere Eltern als wir damals, wachsen in einer anderen Zeit auf als wir damals, für sie sind ganz andere Dinge und Abläufe »normal« als bei uns damals, sie leben in einem anderen Umfeld als wir damals und sind mit vielen anderen Problemen konfrontiert als wir damals. Natürlich ist nicht alles anders. Und natürlich ist es NORMAL, einen Teil der persönlichen Eigenheiten und Erfahrungen »blindlings« auf den Nachwuchs zu übertragen, weil es schlicht unrealistisch ist, es komplett vermeiden zu wollen. Ich glaube, so ist es auch gar nicht gemeint, wenn es darum geht, dass man

Kinder nicht zu sehr als Mini-Mes betrachten soll. Vielleicht soll man nur reflektiert bleiben und sich immer mal wieder selbst hinterfragen, damit man nicht übers Ziel hinausschießt. Und DAS ist ja eigentlich immer ein prima Tipp. In allen Lebenslagen; und erst recht als Elternteil.

### FAZIT

Einmal ehrlich auf den Punkt gebracht: Ich LIEBE es, meine Kinder Mini-Me zu nennen, und ich liebe es genauso, mich in ihnen widergespiegelt zu sehen. Ich liebe diese starke Verbundenheit, die von diesem Gefühl ausgeht. Aber ich weiß, sie sind nicht ich. Sie sind sie. Und ich glaube, solange man das auf dem Schirm hat, ist alles im Lot!

# ARZTBESUCHE FÜR MAMA MIT KIND – OCH NÖ!

## Wie ich an die Nummer mit den Arztbesuchen herangegangen bin

In puncto Arztbesuche für Mama MIT Kind hatte ich als Noch-nicht-Mama wirklich sehr, sehr klare Vorstellungen, die ich tatsächlich für meine Verhältnisse überraschend kurz zusammenfassen kann: Dieses Szenario würde einfach in meinem Mutti-Leben nicht stattfinden. ICH würde natürlich immer ohne Kind zum Arzt gehen, weil mir alles andere total unsinnig erschien. Ich meine, jeder hat schon mal in einem Wartezimmer gesessen, in dem auch eine Mutter mit Kind warten musste, und live miterlebt, dass Kinder keinen Bock auf Wartezimmer haben. Klar, hat niemand, aber Kinder noch sehr viel weniger als Erwachsene. Sie langweilen sich, sind aufgrund dessen schlecht gelaunt, und schlecht gelaunte Kinder sind bekanntermaßen noch lauter als gut gelaunte Kinder. Da wir aber in einem Land leben, in dem laute Kinder häufig zu gerümpften Nasen und strafenden Blicken von ebenfalls anwesenden Erwachsenen OHNE Kinder führen, ist es für die Eltern doppelt unangenehm.

Ergo: Mein Plan sah vor, niemals mit Kind zu einem Arzttermin für mich zu gehen, sondern den Spross zu diesem Zweck bei Papa oder (je nach Alter) währenddessen in einer Betreuungseinrichtung untergebracht zu haben. Nur so konnte gewährleistet sein, dass ich entspannt warten, konzentriert dem Mediziner lauschen und einigermaßen locker irgendeine Behandlung über mich ergehen lassen könnte. Zahnarztbesuche zum Beispiel fand ich schon immer gruselig – unvorstellbar, in diesen dunklen Momenten auch noch ein Kleinkind bei mir zu haben. NEVER! Mir war absolut schleierhaft, warum sich das einige Mütter antaten.

Ich fragte mich jedes Mal, wenn ich eine gestresste Mutter mit tobendem Kleinkind in einem Wartezimmer dabei beobachtete, wie sie händeringend versuchte, den Nachwuchs bei Laune zu halten: WARUM tut man sich das an?

Tja, was soll ich sagen? Die Realität hat mich irgendwann eingeholt und hatte die Antwort auf diese Frage im Gepäck.

## Wie es das Leben bzw. mein individueller Mama-Alltag dann für mich gestaltet hat

Warum manche Mütter ihre Babys und Kleinkinder mitnehmen, wenn sie selbst einen Arztbesuch absolvieren müssen? Ganz einfach: weil es manchmal nicht anders geht. Im besten Fall wird Mama krank oder braucht eine Zahnwurzelbehandlung, wenn Papa frei hat oder freinehmen kann, wenn sie Zugriff auf betreuende Großeltern oder einen Kita-Platz hat. Es kann aber eben auch passieren, dass Zwergnase noch nicht in irgendeine Betreuung geht und auch keine Familienangehörigen in der Nähe leben und in solchen Momenten übernehmen können. Es gibt Elternteile, die können nicht mehrmals die Woche stundenweise freinehmen, weil ihre Frau Zahnbehandlungen am Schnürchen hat und phasenweise ihren zweiten Wohnsitz in einer Praxis anmeldet. Manchmal passt einfach nichts so zusammen, dass Mutti dieses Elend zumindest allein ertragen kann, ohne ein Baby oder Kleinkind auf der Brust liegen zu haben, während ihr gefühlt 15 Spritzen im Mund gesetzt werden. Und ich weiß das so genau, weil ich eine dieser Mamis bin, die sehr, sehr oft mit mindestens einem Kind bei solchen Arztterminen aufgeschlagen ist. Hin und wieder konnte der Mann durchaus übernehmen, zumindest eines unserer Kinder, jedoch nicht ständig. Ich muss sagen, das war eine anstrengende Lebensphase, wenn ich so zurückblicke. Die Tochter war schon in der Kita, das Söhnchen aber noch Mini und gefühlt an die Mutti getackert in einer symbiotischen Beziehung. Ich der Baum, das Baby die Kletterpflanze.

Aber es ging. Ich habe gelernt, dass man durchaus Zahnwurzelbehandlungen mit schlafendem Baby auf dem Bauch schaffen kann, wenn man zumindest fürs Röntgen eine supernette Helferin hat, die kurz das Baby bespaßt. Dennoch würde ich sagen: Anders ist es besser. Nur eben nicht zwingend möglich. Und wie ich am eigenen Leib feststellen durfte, ist es auch wirklich nicht überall gern gesehen. Nicht jede Praxis ist kinderfreundlich eingestellt; nicht in jeder Praxis haben die dort arbeitenden Menschen Zeit, sich kurz mit einem Kleinkind zu befassen, während die Mutter untersucht oder behandelt wird. Und nicht in jedem Wartezimmer sitzen Leute, die Bock darauf haben, ein und dieselbe Geschichte von Leo Lausemaus fünfmal vorgelesen zu bekommen oder mit Schokofingern angetatscht zu werden.

Ja, ich wünschte und wünsche mir, dass es anders wäre. Dass Kinder in solchen Situationen wirklich niemals mitgehen müssten, dass Kinder und ihre Befindlichkeiten gerade in solch öden Momenten insgesamt mehr akzeptiert würden … aber machen wir uns nichts vor: Da sind wir noch nicht.

Ich persönlich bin einfach dankbar, dass es bei mir immer trotz allem gut geklappt hat und dass ich selbst meine Bauchnabelbruch-OP, die ich durchführen lassen musste, als mein Kleiner ca. sieben Monate alt war, weil er meine Bauchdecke unter der Geburt gefühlt gesprengt hatte, ambulant erledigen konnte. Es war eine Qual, was danach kam. Weil man als Baby-Mama mit zusätzlichem Kleinkind und einem 60 Stunden arbeitenden Mann nun echt nicht lange ausfallen darf, aber ich musste zumindest nicht ins Krankenhaus. Das ist dann ja noch mal ein ganz anderes Kaliber, habe ich mir sagen lassen. Also fühle ich Folgendes sehr intensiv: Puh, Schwein gehabt!

## Tipps zu Mama-Arztbesuchen mit Kindern?

Oh, ich wünschte, ich hätte welche! Aber dass man ungefähr eine Tonne Lieblings-Snacks, was zu trinken und etwas zu spielen mitnehmen muss, weißt du natürlich. Klar, du kannst dir bei Pinterest noch lustige, selbst gebastelte Spiel-Sets raussuchen, damit du dich noch besser vorbereitet fühlst, aber eigentlich wissen wir doch beide: ALLES, was du deinem Nachwuchs mitnimmst, um die Wartezeit etwas fluffiger zu gestalten, wird dir maximal 3,5 Minuten schenken. Die Tonne Lieblings-Snacks dann noch mal 10 Minuten, wenn dein Nachwuchs langsam kaut, und dann hast du nur noch eine Chance, die Nummer zu überstehen, ohne völlig schweißgebadet zu sein, wenn ihr endlich aufgerufen werdet: Nimm ein Tablet mit und gönn dem Kind Medienzeit. Ja, DAS löst mindestens genauso viele verurteilende Blicke von den fremden Sitznachbarn aus, ABER die kannst du dann wenigstens ignorieren, während du in Ruhe ein bisschen in einer Gala blätterst.

### FAZIT

Arztbesuche ohne Kinder zu erledigen ist immer die erstrebenswerteste Lösung für ein gesundheitliches Problem. Möglich ist es jedoch leider nicht für jede Mama. ICH saß da oft mit meinen Kids und fand es superanstrengend. Und jedes Mal dachte ich dabei an mein jüngeres, noch kinderloses Ich. Süß war es. Richtig süß!

# GESPRÄCHE MIT KINDERN – DEFINITIV ANDERS ALS ERWARTET

## Warum ich mich auf die Gespräche mit meinen Kindern gefreut habe, als sie noch zu klein dafür waren

Tatsächlich war mein erster Impuls, an dieser Stelle mit etwas leicht Schmalzigem einzusteigen. Vielleicht mit der in Worte gefassten Erinnerung daran, wie ich als junge Mutter (na gut, sagen wir lieber als FRISCHGEBACKENE Mutter) mein schlafendes erstes Kind im Arm betrachtete und mir ausmalte, wie es sich wohl anhören würde, wenn es endlich das von mir so ersehnte MAMA über die Lippen brächte. Und wie sehr ich die Neugierde darauf fühlte, dieses Menschlein und den ihm ganz eigenen Charakter, der schon da war, aber noch in der Entfaltung stand, endlich durch gesprochene Kommunikation kennenzulernen. Ja, so romantisch könnte ich es ausdrücken. Und so hab ich es zwischendurch auch wirklich gefühlt, aber meistens war's etwas anders: »Himmel, wann spricht sie endlich, damit ich nicht immer raten muss, was nun gerade ihr Problem oder Begehr ist?« Tja.

Nicht gar so rosarot, aber dennoch verstehst du mich wahrscheinlich. Denn tatsächlich ist das wohl bei vielen Mamis der Hauptgrund, warum wir uns wie Bolle darauf freuen, dass der Nachwuchs irgendwann endlich spricht. Es ist einfach sooo anstrengend, immer nur raten zu können, was das schreiende Würmchen gerade braucht und möchte, wenn es das noch nicht SAGEN kann! Wo tut es weh? Was ist passiert? Warum magst du das nicht, du hast es doch gestern gemocht? Wie kann ich dir helfen, damit es dir besser geht? So viele Fragen, die in der ersten Zeit nur mit unterschiedlichen Nuancen von Weinen oder Schreien beantwortet werden. Das kann schon mal mürbemachen und die Vorfreude auf gesprochene Sprache steigern.

Davon abgesehen habe ich mich aber tatsächlich auch darauf gefreut, so richtige Gespräche mit meinen Kindern zu führen. Irgendwann, dachte ich damals, sitzen wir zusammen und tauschen uns aus, erzählen uns gegenseitig von unserem Tag, klären Sinnfragen oder erzählen uns Witze, bis uns die Lachtränen laufen. Das wird super und spannend und herzerwärmend. Ganz bestimmt. Und ja, ich kann schon jetzt sagen, dass es diese Momente in Sachen Gespräche gibt. Aber auch andere. ’ne ganze Menge andere. Gespräche mit Kindern sind wirklich oftmals speziell, habe ich festgestellt. Und vor allem enden sie nicht, wenn ich keine Lust mehr habe.

## Warum und worüber ich mich heute bei Gesprächen mit meinen Kindern freue

Ich bin unsicher, ob man als Mutter sagen darf: »Heute freue ich mich, wenn sie irgendwann einschlafen und dadurch endlich mal KEINE Gespräche mehr stattfinden.« Darf man das? Oder darf man das nicht, weil einen das dann wieder zu einer unmöglichen, garantiert überforderten und pädagogischen Null-Nummer-Mutti macht? Keine Ahnung, aber … es ist so. Weil ich zwei Kinder habe, die nicht nur gefühlt den kompletten Tag ununterbrochen quatschen. Im Grunde ist das gar nicht erstaunlich, denn ICH bin ja (für dich jetzt wenig überraschend) auch eine Quasselstrippe, eine Geschichtenerzählerin, eine Frau, die sich wirklich sehr gern mitteilt und so ziemlich zu allem eine Meinung hat, die sie dann eben auch in Worte fasst. Und mein Mann ist nicht viel anders. Auch er labert einem schrecklich gern einen Knopf an die Backe. Wie zum Teufel konnte ich denken, wir würden Kinder bekommen, die nicht genauso sind?

Unsere Tochter entdeckte das Wort »Mama« für sich, dann »Papa« … und dann gab's kein Halten mehr. Nie gehörte ich zu jenen Müttern, die ihrem Kind nach der Kita was aus der Nase ziehen mussten. Es blubberte nur so aus ihr heraus. Alles. Und wenn sie als Kleinkind nicht redete, dann sang sie. Schief und laut und zuckersüß. Ich WUSSTE immer, dass es zuckersüß war, aber ehrlich gesagt konnte ich manchmal einfach nicht mehr. Nicht mehr zuhören. Und so gab es tatsächlich die ganz dunklen Momente der Mutterschaft, in denen ich meinem Kind verbot zu singen. Jetzt mal ganz im Ernst: JEDE Mutter versteht, dass es diese Situationen gibt, in denen es reicht. In denen man so was sagt, was man theoretisch nie sagen wollte. Wie eben: »Bitte hör jetzt auf zu singen, ich halte es nicht mehr aus!« Das sind echt keine Glanzmomente. Wirklich nicht. Aber dennoch gehören sie dazu und sind nachvollziehbar, wenn man weiß, dass einem die kleinen Flöhe zum Teil stundenlang ohne Pause was erzählen, vorsingen oder Fragen stellen, die sie dann selbst beantworten. IRGENDWANN ist es dann eben nicht mehr nur zuckersüß, sondern nervig, so leid es einem gleichzeitig tut. Und dann zieht man halt mal die Reißleine. Im besten Fall erklärt man dem Spross, warum … Dann ist es meines Erachtens völlig okay so.

Beim zweiten Kind erwartete ich eine verbal spärlicher ausgerüstete Version, weil mir während der Schwangerschaft so viele Mütter, die bereits mehr als ein Kind hatten, berichteten, dass das zweite Kind ganz anders sein würde. Das wäre sozusagen ein Gesetz. Und ja, stimmt, mein zweites Kind ist in sehr vielen Aspekten ganz anders als das erste, allerdings wirklich nicht in allem. In Sachen Redebedarf zum Beispiel nicht. Kind zwei quasselt mindestens genauso viel wie Kind eins, und manchmal weiß ich ab 17 Uhr nicht mehr, wo mir der Kopf steht. Insgesamt bin ich krass dankbar, sechs Jahre in einer Metal-Diskothek gejobbt zu haben … Der Lärmpegel dort hat mich recht gut auf den vorbereitet, den eine Mutter so aushält jeden Tag. Ist natürlich übertrieben formuliert. Oder auch nicht. 😉

Davon abgesehen finde ich es megaspannend, dass man die Gespräche mit Kindern in so »lustige« Kategorien einteilen kann, weil sie immer wiederkehren, stimmt's? Und wir Mamis und Papis kennen sie bestimmt alle.

## Beispielkategorien für Unterhaltungen, die wir wohl alle mit unseren Kindern führen

### Wer kennt es nicht? Das 1-zu-1-Wiederholungsgespräch

Tatsächlich ist das eine meiner absoluten Lieblingskategorien, wenn es um Gespräche mit meiner Tochter geht, denn sie ist die unangefochtene Meisterin darin. Wenn ein Gespräch nicht so läuft, wie sie es gern hätte, startet sie es nach einer ihrer Meinung nach angemessenen Pause einfach noch mal neu, in der Hoffnung, dass es diesmal anders endet. Dazu wechselt sie nicht den Gesprächspartner, was man vielleicht erwarten könnte, nein, sie kommt wieder zu MIR, wenn die erste Runde mit MIR nicht zum erwünschten Ziel geführt hat.

»Mama, warum kommt Lieselotte denn heute nicht mit ins Schwimmbad? Ich fänd das so toll!«

»Ihre Mama hat leider Nein gesagt, weil sie bereits was anderes vorhaben. Daran können WIR – also weder du noch ich – jetzt was ändern. Das nächste Mal fragen wir früher, okay?«

»Find ich richtig blöd.«

15 Minuten später, in exakt derselben Tonlage wie vorher:

»Mama, warum kommt Lieselotte denn heute nicht mit ins Schwimmbad? Ich fänd das so toll!«

»Äh, hatten wir das nicht eben schon? Ihre Mama hat leider Nein gesagt, weil sie bereits was anderes vorhaben. Und du weißt, ich kann nicht über andere Menschen bestimmen. Es liegt nicht in meiner Macht, etwas daran zu ändern!«

»Find ich richtig, RICHTIG blöd.«

WIEDER 15 Minuten später, WIEDER in exakt derselben Tonlage:

»Mama, warum kommt Lieselotte denn heute nicht mit ins Schwimmbad? Ich fänd das so toll!«

»Jetzt mal ernsthaft! Bin ich hier bei ‚Täglich grüßt das Murmeltier'? Ich kann es nicht ändern, Schatz!«

»MANNO.«

Leider enden diese Situationen immer mit Frust auf beiden Seiten und mit der Frage in meinem Geiste, ob mein Kind mich möglicherweise für eine Vollidiotin hält.

### Wir lieben sie alle: Die völligen Nonsens-Gespräche zum Kaputtlachen

Also, wenn man eins mit Kindern so richtig professionell gut kann, dann ist das Quatsch-Gespräche führen. Eine sehr, sehr lange Zeit führt man ja mit dem Nachwuchs zum Beispiel tägliche Jux-Gespräche über Pupsen und Kacka … und natürlich über Geschlechtsorgane, weil die ebenfalls so irre lustig sind, dass man sich wirklich überall regelrecht darüber ausschütten kann. Besonders witzig ist es in der Zeitspanne, in der Kinder schon prima sprechen können, aber noch nicht so ganz durchblickt haben, was man wann und wo erzählen darf.

Ich erinnere mich immer noch ausgesprochen gern an das Gespräch mit meinem Kleinen, das wir über die Form und Weichheit meiner Brüste führten … an der Supermarktkasse, in der Schlange mit vielen Menschen stehend, vor einer Kassiererin, die auch noch Rückfragen stellte. Mutti dankt.

Ich mochte es auch immer enorm, mit meinen beiden Granaten eine öffentliche Toilette zu besuchen, um dann während des Klogangs einen Kommentator an meiner Seite zu haben, der wirklich jegliche Beobachtung meiner Gesamtsituation – runtergelassene Hose, blanker Hintern, Farbe meines Pipis usw. – laut zum Besten gab. Natürlich flüsterte ich stetig:

»Schatz, wir sind hier nicht allein, in den Kabinen neben uns gehen auch noch andere Frauen auf die Toilette.« Allerdings löste das dann Entgegnungen folgender Art aus:

»Haben die auch alle eine Scheide, Mama? Und so einen dicken weißen Popo wie du, Mama?«

Was soll ich sagen: Auch wenn ich selbst definitiv am lautesten lache, wenn jemand einen Pups-Witz erzählt, bin ich doch froh, dass meine Kinder aus dem Alter raus sind, dass sie ALLES und ÜBERALL kommentieren. Nonsens-Gespräche führen wir dennoch weiterhin. Und ich liebe sie sehr.

### Hier gibt's zwei Varianten: Die Nach-Kita-oder-Schule-Gespräche

Der Klassiker für dieses Gespräch ist wohl folgender:

»Hey, mein Schatz, wie war's in der Kita/Schule?«

»Schön.«

»Ah, okay, das ist gut. Was habt ihr denn gemacht?«

»Nichts.«

»Spannend, es ist, als wäre ich dabei gewesen!«

Ich kenne unzählige Mütter, die mir genau von diesen Gesprächen berichten und immer traurig sind, dass da nicht mehr kommt, und manchmal sogar besorgt sind, weil sie Angst haben, wichtige (vor allem negative) Erlebnisse nicht mitzubekommen und ihr Kind deshalb vielleicht nicht so unterstützen zu können, wie sie es gern würden. Verstehe ich absolut. Allerdings null aus eigener Erfahrung, denn meine Kinder reden halt beide wie ein Wasserfall. Etwas NICHT mitzubekommen ist für mich beinahe unmöglich … zeitweise greifen sogar andere Eltern auf meine Kinder zurück – als Infoquelle –, weil sie eben genau das sind: eine sehr gute Infoquelle.

Bei uns dominiert die zweite Variante. Wenn ich die Kinder abhole, klingt es also eher so:

»Mama, ich muss dir direkt mal erzählen, was die XY wieder gemacht hat. Das war so …« (Es folgt ein mehrminütiger Monolog mit vielen Und-Danns.)

Zeitgleich (natürlich) vom anderen Kind:

»Ich hab Hunger, in der Mensa gab's nämlich Pommes, aber die Pommes, Mama, die waren gar nicht in der richtigen Form, Mama, die waren in Wellen … Das esse ich nicht, Pommes müssen in der anderen Form sein, nur dann esse ich die, aber nicht in Wellen. Also Mama, deshalb habe ich Hunger, was hast du denn zu essen dabei, weil ich ja keine Pommes essen mochte, weißt du? Mein bester Freund hat die Pommes übrigens gegessen und dabei hat er erzählt, dass er Pommes in jeder Form mag. Also ehrlich, Mama, das verstehe ich nicht, hab ich ihm auch gesagt, weil die Pommes halt die falsche Form für mich hatten. Hast du denn jetzt was zu essen dabei, Mama? MAMA?«

Das andere Kind wird lauter, um den Pommes-Monolog zu übertrumpfen und mein Gehör mit dem eigenen Monolog zu dominieren:

»Mama, hörst du mir zu? Das war nämlich echt krass und ich kann's immer noch nicht glauben, dass sie DAS wirklich gemacht hat. Aber, na ja, so ist sie halt, ne? Was machen wir denn jetzt? Sind wir verabredet? Gehen wir auf den Spielplatz? Oder gehen wir nach Hause? Nach Hause mag ich nicht, ich möchte lieber zu 'ner Verabredung. Warte, ich frage mal meine Freundin, was die macht. Wir haben doch Zeit, Mama, oder? Kannst du sie dann auch mitnehmen? Mama, MAMA?«

Ich liebe die Abholsituation nicht. Danach flirrt mir immer das Hirn und ich muss erst mal Atemtechniken aus dem Geburtsvorbereitungskurs anwenden, um mein Stresslevel wieder zu senken.

PS: Trotzdem erhalte ich für Eltern relevante Informationen (wie: Wir brauchen morgen ein Kostüm für ein Theaterstück.) natürlich wie alle anderen erst zufällig 3 Minuten vor dem Zubettgehen. Alles andere wäre ja auch unrealistisch und schräg.

### Da müssen wir durchatmen: Gespräche über den Sinn des Lebens, den Tod oder aktuelle, schwere Themen

Über diese Kategorie habe ich mir vor der Mutterschaft durchaus Gedanken gemacht, aber ich konnte damals nicht erfassen, wie schwierig solche Gespräche sein würden. Schon allein das Wann ist manchmal ein Problem bzw. erwischt einen so kalt, dass man erst mal schweigt, obwohl man vielleicht im Grunde schon Ideen dafür hatte. Wie ich mit den Kindern über den Tod spreche zum Beispiel, hab ich mir vorgestellt und dafür im Kopf einiges zurechtgelegt. Was ich nicht auf dem Schirm hatte, war, dass nicht ICH den Moment wählte, sondern unser Leben. Glücklicherweise verloren wir keinen Menschen, aber ein geliebtes Tier. Und so musste ich mit meiner Tochter über den Tod sprechen, als ich hochschwanger und noch emotionaler war als sonst. Es fiel mir so unglaublich schwer, denn auch mich hatte der Verlust arg getroffen. Mich darauf zu konzentrieren, die richtigen Worte für eine noch nicht mal Dreijährige zu finden, brachte mich tatsächlich ziemlich an meine Grenzen.

Auch schwierig fand und finde ich Gespräche mit den Kindern über aktuelle Themen wir die Klimakrise, Kriege, Krankheiten (Die Pandemie ist ja noch gar nicht so lange her und brachte damals ja durchaus die ein oder andere Frage in Kinder-Köpfen hervor.). Kinder gehen an viele Themen oft recht neutral ran, sag ich mal. Nicht sofort sind Ängste daran geknüpft, weil eben das Grundverständnis und die Weitsicht für komplexe Themen fehlen. Manchmal ziemlich gut, finde ich. Und deshalb bin ich persönlich bei solchen Gesprächen auch immer vorsichtig. Fragen beantworte ich, gleichzeitig versuche ich, nicht zu weit einzutauchen und vorzugreifen. Gerade mein Sohn stellt zwar wirklich gute und dann auch interessierte Fragen, aber wenn er merkt, dass die Antwort Ängste bei ihm auslösen könnte, sagt er das genauso und verlässt das Gespräch, was ich absolut super finde, denn es ist mir wichtig, die beiden nicht zu überfordern mit solchen Sachen. Meine Tochter ist ja die Ältere und kommt besser mit Wahrheiten klar, die bitter schmecken. Sie ist mehr der Typ: Lieber weiß ich alles, als im Dunkeln zu stehen. Dennoch ziehe ich Grenzen, so wie ich es für richtig halte.

Die wichtigsten Gespräche über Aktuelles und das Leben an sich führen wir, wie es sich gehört, frühestens eine Stunde, nachdem ich gesagt habe: »So, Leute, jetzt ist echt Schluss! Ihr müsst schlafen! Es ist schon wieder viel zu spät geworden!« Dann rattern die kleinen Gehirne los, im Dunkeln des Kinderzimmers, und vor allem mein Mädchen steht sehr gern noch fünfzigmal auf, um mir sehr, sehr wichtige Fragen zu stellen, die dann auch unbedingt noch erörtert werden müssen. Und DAS hat sie schon immer gemacht, seit sie sprechen kann. Früher waren es Fragen wie:

»Mama, wo wohnt der Osterhase eigentlich im Winter? Zieht der dann zum Weihnachtsmann und hilft ihm? Das wäre sinnvoll und nett!«

Und heute geht es dann eher um Themen aus dem Schulalltag, die beim Einschlafen plötzlich groß und emotional geworden sind, was wir sicher alle kennen und nachvollziehen können. Dennoch habe ich manchmal nicht mehr so richtig Bock auf NOCH ein Gespräch, wenn ich selbst eigentlich schon halb eingepennt bin. Macht nix.

**Bis die Ohren bluten: Die Gespräche über die Megahobbys der Kinder, die sich vielleicht nicht GANZ mit den eigenen Interessen decken**

Ich habe ein Kind, das Pferde liebt und den kompletten Tag darüber reden möchte. Alternativ über den »Bedarf«, einen Hund haben zu MÜSSEN, was bei uns aus verschiedenen Gründen nicht möglich ist und daher oft zu Frustration auf beiden Seiten führt. SIE möchte also am liebsten die meiste Zeit über diese beiden Tierarten sprechen, was mich … äh … nicht gar so brennend interessiert und daher irgendwann so ein bisschen anstrengt.

Das andere Kind redet abwechselnd über Monster, Monsterwelten, Power Ranger, ausgestorbene Tiere (Das Wollnashorn hat uns unter anderem sehr lange beschäftigt.) und dann wieder über Monster und Monsterwelten. Hierüber reden wir nicht nur einfach, nein, wir kreieren sie auch im Geiste. Beides, Monster und die Welten, in denen sie leben. Das machen wir vor allem abends vor dem Einschlafen, damit wir gemeinsam davon träumen können, und morgens, um auszutauschen, was wir denn nun im Traum in der Monsterwelt erlebt haben. Es ist wundervoll, all diese Kreativität zu erleben, die beiden Kindern innewohnt. Und genauso wundervoll, dass sie mich dringend daran teilhaben lassen wollen und mich einbinden. Aber manchmal … würd ich lieber bloß ein Buch vorlesen und das Licht ausmachen.

Wie gesagt, sind das nur (persönliche) Beispiele, und dir würden aus dem Stegreif sicher noch mehr lustige Kategorien einfallen! Oder alternative Varianten zu den Gesprächen, die ich mit meinen Kindern führe. Das Thema ist echt mannigfaltig, und ich ahne, dass hier noch eine ganze Menge auf mich zukommt, wenn sie größer sind. Sagen wir einfach: Ich freu mich drauf! Und ich bestell schon mal eine Großpackung Ohrstöpsel. 😂

## FAZIT

Ich liebe die Gespräche mit meinen Kindern. Doch, ja, wirklich, auch wenn sie mir manchmal einfach zu lang ausfallen. Fakt ist, dass ich unheimlich viel lerne in diesen Gesprächen. Zum einen, weil sie eine so wundervoll unverfälschte Perspektive auf vieles haben, zum anderen, weil sie sich eben für ganz andere Dinge als ich interessieren und sie ihr erlerntes Wissen unbedingt mit mir teilen wollen. Ich denke zwar manchmal: Boah, darauf, das alles über Pferde oder Monster oder bereits ausgestorbene Wollnashörner zu wissen, könnte ich verzichten, doch das stimmt nicht. Denn eigentlich ist es **TOLL**, von den kleinen Quasselstrippen zu lernen.

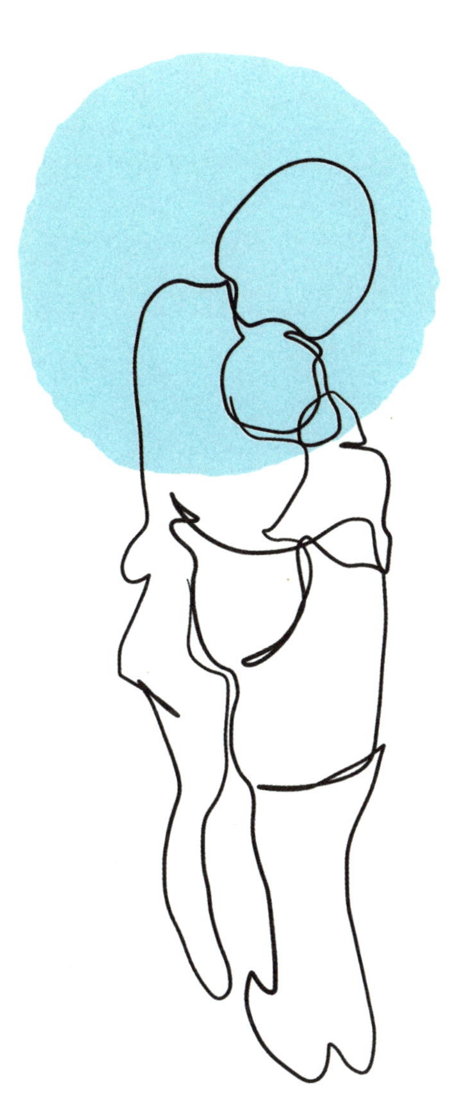

# LIEBEN, BEGLEITEN, LOSLASSEN – UND HEIMLICH MAL EIN TRÄNCHEN VERDRÜCKEN

## Wie ich mir vorgenommen habe zu sein

Weißt du, was ich früher – bevor ich selbst eine Mama war – besonders schlimm fand? Glucken. Heutzutage nennt man sie Helikopter-Mums. Mütter, die nie ohne den Nachwuchs irgendwohin gehen und regelrecht über den Sprösslingen kreisen, weil sie ständig alles kontrollieren wollen. SO wollte ich auf keinen Fall werden. Aus ganz vielen Gründen nicht. Unter anderem deshalb, weil ich mir gut vorstellen konnte, wie es für Kinder sein muss, wenn SIE bereit sind, etwas allein zu machen, MAMA aber das Händchen nicht loslassen möchte. Im übertragenen Sinn, meine ich. Und auch in echt eigentlich, denn gerade auf Spielplätzen sieht man es ja doch sehr oft, dass Eltern einfach nicht die Hand oder den Jackenkragen loslassen wollen, wenn das Flöhchen balanciert oder klettert, aus Sorge, dass ein Absturz dann förmlich vorprogrammiert sein könnte.

Bevor ich selbst Mutter war, fragte ich mich beim Anblick solcher Szenen immer, ob diese Eltern wohl auch in anderen Situationen nicht »rechtzeitig« loslassen und ihr

Kind damit ausbremsen würden. Das wollte ich weder für mich noch für mein Kind.

Also nahm ich mir fest vor, eine richtig coole Mutter zu werden. Mit viel Vertrauen in mich selbst, um es richtig und stark vorzuleben, und viel Vertrauen in die ja stetig gedeihenden Fähigkeiten meines Kindes – ebenfalls, um es entsprechend vorzuleben und damit den Nährboden für das eigene Selbstvertrauen beim Nachwuchs zu schaffen. Eigentlich doch alles VOLL LOGISCH! Und easy peasy! Weil es schlicht von der Natur aus so vorgesehen ist, dass Kinder flügge werden ... und dann ihrer Wege ziehen. So ist es im Tierreich und auch bei uns. Dafür muss man doch wirklich kein emotionales Fass aufmachen. Dachte ich. Nein, WUSSTE ich!

Und dann wurde ich Mama. Ich wurde Mama, gebar mein erstes Kind und stand am nächsten Morgen unter der Dusche, wusste mein Baby sicher in den Armen seines Vaters, schloss die Augen, um mir das Wasser über das Gesicht laufen zu lassen, und sah nicht länger nur Dunkelheit hinter meinen Lidern, sondern ein Babynäschen. Und Babywimpern. Und Babylippen. Und ich wusste: Ich hatte verdammt noch mal keine Ahnung gehabt!

## Wie ich TATSÄCHLICH manchmal bin

Ich kann ganz viel am Muttersein gut. RICHTIG gut sogar. Auch begleiten kann ich hervorragend. Ausprobieren lassen, fantastisch! Selbst Fehler machen lassen ... ja, kann ich! Aber loslassen? Boah, das fällt mir so schwer, dass ich schon wieder Tränen in den Augen habe, nur weil ich das Wort hierhin getippt habe. WAS STIMMT DENN NICHT MIT MIR?, denke ich wirklich sehr oft, denn ich kann mich wohl daran erinnern, was ich mir vorgenommen hatte. Ich habe den Vorsatz auch keineswegs aufgegeben. Nein! Ich bin definitiv keine Glucke oder Helikopter-Mum geworden!

Ich kann die Kids prima irgendwo bzw. bei jemandem meines Vertrauens lassen, ohne mir dann die ganze Zeit Sorgen zu machen oder fünfzigmal anzurufen. Ich kann wirklich gut mal was anderes machen, als Mama zu sein! Ehrlich! Wenn ich mir allerdings vorstelle, dass meine Babys irgendwann ausziehen, dann werde ich augenblicklich zum wandelnden Feuerhydranten und wässere meine komplette Umgebung. Allein der Gedanke geht gar nicht!

Glücklicherweise muss ich jetzt aber noch niemanden ins Ohne-Mama-Leben ziehen lassen. Sie sind beide noch klein; es werden noch einige Jahre vergehen, bevor der große Abschied in eine eigene Wohnung überhaupt zum Thema wird, und bis dahin werden wir alle viel üben. Denn dieses Loslassen passiert ja eigentlich gar nicht ad hoc, wenn der Nachwuchs auf einmal eine eigene Adresse hat oder haben will, sondern vom Tag der Geburt an, Schritt für Schritt, mit unzähligen KLEINEN LOSLASSERN, die den gemeinsamen Weg säumen. Und DAS war mir vorher nicht wirklich klar. Oder besser gesagt: Ich wusste einfach nicht, wie sich das anfühlen würde. Dass man es durchaus jedes Mal fühlt, wieder so ein kleines bisschen mehr loslassen zu müssen, dass nicht alles »unmerklich« passiert.

Das erste große Loslassen ist die Geburt. Der Moment, wenn sie aus uns ausziehen und plötzlich selbst atmen müssen. Nicht mehr nur wir als Mamas fühlen ihre Bewegungen … nun sind sie auch für andere Menschen sicht- und berührbar. Was für ein großer Schritt! Und ab diesem geht es immer weiter.

Wir Mamis legen sie in die Arme anderer Menschen, die diese Würmchen lieben, wir entfernen uns erst nur mal von ihnen, um ins Bad zu gehen, dann mal allein einkaufen oder mit einer Freundin treffen, irgendwann gewöhnen wir sie vielleicht in die Kita ein – oftmals unter Tränen auf beiden Seiten, weil die Veränderung so intensiv ist. In der Schule verlieren wir immer mehr die Kontrolle über die Zwerge.

Wir wissen nicht mehr, ob sie in der Pause ihre Jacke wirklich anhatten oder etwas gegessen haben – auch die Betreuer wissen es nicht, denn die Kids müssen dafür selbst die Verantwortung übernehmen. Auf einmal fahren sie auf eine Klassenfahrt – sind tagelang weg, aber nicht mit Oma und Opa. Und so geht es immer weiter. Kleinere Steps sind die Allein-Spieldates mit Freunden, Kindergeburtstage, auf die die Mamis nicht mehr eingeladen sind, oder Ferienfreizeiten, auf denen der Nachwuchs so viel Input hatte, dass man ihn anschließend kaum wiedererkennt. Es geht immer weiter. SIE gehen immer weiter … von uns weg.

Oh Mann, es tut mir leid, dass ich hier so die Emo-Mum raushängen lasse, aber mir fällt es so viel schwerer, als ich dachte. ICH muss da wirklich viel lernen und mich selbst immer wieder stark reflektieren. Denn in puncto Loslassen stoße ich hart an meine Grenzen. Tief in mir summt klar eine kleine Helikopter-Mum. Ich lasse sie nicht starten, aber ich höre die Rotoren summen. Keine Ahnung, woran genau es liegt. Definitiv habe ich persönlich eine Extraportion Bindungshormone abgegriffen, als die Kinder auf die Welt kamen. Monatelang habe ich mich an meine Babys wie gefesselt gefühlt – voller Liebe zwar und auch null störend, aber auffällig fest. So weit okay, weil es nirgendwo ein Problem verursacht hat, dennoch schrillten hier und da mal meine eigenen Alarmglocken, was ja auch gut ist! Ich HABE immer losgelassen, wenn es an der Zeit war (Kinder oder das Leben an sich signalisieren das recht deutlich.) und ich werde dabei bleiben. Ich ermutige meine Kinder, mutig zu sein, wobei es mir bei dem einen Kind leichter fällt als bei dem anderen, weil sie natürlich unterschiedlich sind und unterschiedliche Level an Bestärkung brauchen. Klaro.

Ich merke auch, dass es leichter wird, wieder ein bisschen mehr loszulassen, je größer sie werden, weil ich beim Begleiten meiner Kinder ja als Mama fast genauso viel lerne wie sie. Ich wachse mit ihnen. Und das ist megaschön.

On top schnuppern wir bereits in die Welt der Pubertät hinein, und ich könnte mir vorstellen, dass Mutter Natur sich gedacht hat: »Boah, dieses Loslassen der Kinder ist so eine krasse Herzschmerz-Nummer – da muss ich ein Special »einbauen«, um es leichter zu machen! Zum Beispiel eine schön lange Phase, in der die Nachwachsenden einfach zum Abgewöhnen sind.« Ja, Megaidee! 😂

Soweit ich das bisher beurteilen nn, ist es eine Megaidee und hilft enorm! Ganz besonders, wenn man es als Mama-Kind-Duo schafft, noch Muttis Wechseljahre mit einfließen zu lassen, dann sind nämlich BEIDE zum Abgewöhnen. Nein, Scherz! Selbst wenn sie grantig sind, extrem fordernd, nicht schlafen oder uns mit irgendeiner Baustelle an den Rand unserer Nervenkapazitäten jagen – ey, wir lieben sie doch trotzdem mit jeder Faser unseres Seins und können uns sehr, sehr lange nicht im Ansatz vorstellen, morgens nicht mehr als Erstes ihre kleinen Nasenspitzen, Wimpern und Münder zu sehen, an deren Seite Milch und Müslimatsch Richtung Boden tropfen.

## FAZIT

Die Aufgabe von uns Eltern ist es, da zu sein, solange wir gebraucht werden, beim Wachsen zu begleiten und loszulassen, wenn die Flügelchen stark genug sind, um abzuheben. Es ist IHR Leben, in das sie ab Tag eins aufbrechen, das sie erobern und entdecken werden. Und wir bleiben am Boden. Wir bleiben das Nest. Zu uns können sie jederzeit zurückkommen. Aber wir hängen uns nicht an ihre kleinen Beinchen, um sie zu beschweren und am Abheben zu hindern. Nein! Im Gegenteil. Wir pusten noch etwas zusätzlichen Wind unter ihre Flügel, falls sie zaudern, und glauben noch ein wenig mehr an sie, bis sie es selbst allein können. Und irgendwann fliegen sie davon, lassen uns mit unzähligen Erinnerungen zurück, und wir lächeln und winken ihnen hinterher, voller Liebe und Dankbarkeit für die gemeinsamen Jahre! Wir schaffen das, weil wir wissen, dass es so richtig ist und dass sie ja nicht aus der Welt sind. Sie sind dann nur nicht mehr nebenan im Kinderzimmer.

## PS

Mal ganz ernsthaft: Aktuell bin ich nicht sicher, dass ich das eines Tages wirklich so hinbekomme, wie ich es von mir selbst erwarte. Im besten Fall heule ich zumindest nicht wie ein Schlosshund vor ihnen, sondern erst, wenn sie zur Tür raus sind. Dann heißt es aber garantiert »Wasser marsch« bis zur Hardcore-Überschwemmung. Oh Mann, das wird heftig. Lass uns jetzt lieber über was anderes reden! 😂

# EIN EXTRA MIT VIELEN STIMMEN – DAS LÄCHELN UND WINKEN-COMMUNITY-KAPITEL

Mit diesem Buch möchte ich etwas gegen das Gefühl des Alleinseins von Müttern tun. Und wie könnte ich das besser, als einfach ganz viele Mütter zu Wort kommen zu lassen, um zu zeigen: Wir haben so, so viel gemeinsam, auch wenn wir es manchmal (noch) nicht wissen.

Wir haben so oft alle die gleichen Ängste, wir ärgern uns beherzt über denselben Kack im Mutti-Alltag, wir stellen ähnliche Fragen und wir lachen so unheimlich gern über all die Verrücktheiten, die die Mutterschaft mit sich bringt. DAS war und ist EIN Grund für dieses besondere Kapitel.

Der andere Grund ist, dass ich so unfassbar dankbar für die garantiert weltbeste Social-Media-Community bin, dass ich ihr nicht nur Raum in jedem meiner Tage geben wollte, sondern auch in diesem Buch. Ich habe daher zwei Fragen in meiner Instagram Story gestellt, die jede Mama, die mitmachen wollte, beantworten konnte, um damit dann eventuell in diesem Buch hier zu landen.

Ich wünschte wirklich, ich hätte alle einbauen können, aber ich hoffe, es ist okay, dass ich eine Auswahl getroffen habe, um das Buch-Format nicht zu sprengen.

VIELEN DANK AN ALLE, DIE MITGEMACHT HABEN!

## Welche »Mama-Wahrheit« hättet ihr gerne erfahren, bevor ihr selbst Mutter wurdet?

Schule ist als Mutter anstrengender als als Schülerin.

dass man immer auf seine Intuition hören sollte und nicht auf »Experten«

Das erste Mama-Sein ist super, dann verliert es an Glanz.

dass eine Behinderung auch nur ein Teil von Normal ist

dass man sein ganzes weiteres Leben so viel Angst um eine andere Person haben wird

dass die Kinder sich deine schlimmsten Macken anschauen und nachahmen

wie unschön Stillen sein kann

wie unfassbar oft man mit sich selbst und seinen Entscheidungen hadert

dass ich einen Menschen lieben kann, sodass mir fast das Herz platzt

dass man unter chronischem Schlafmangel Top-Leistungen erbringen kann

dass keine Wäschefrau mitgeliefert wird

dass Schwangerschaft den Körper innerlich und auch äußerlich bis auf Weiteres stark verändert dass es Kinder gibt, die nur Nutella als Brotaufstrich akzeptieren

dass man keine Hobbys mehr braucht, wenn man Kinder hat

dass es nicht meine Aufgabe ist, das Kind immer ruhig zu halten

dass man nicht automatisch mit Liebe geflutet ist und es dauern kann, bis Bindung da ist

wie schwer es ist, sich an die eigenen Regeln zu halten

dass ich nicht mal mehr allein aufs Klo gehen kann

wie verletzend Mütter untereinander sein können

dass Vatersein anders ist als Muttersein (in Bezug auf Mental Load und Care-Arbeit)

dass man sich manchmal einsam fühlt, obwohl man es gar nicht ist

dass sich auch meine Beziehung zum Mann so krass ändert

dass der Charakter des Kindes stärker ist als die Erziehung der Eltern. Das Kind ist, wie es ist.

Zwischen »Ich liebe dich, Mama« und »Du bist doof« liegt oft nur ein »Nein«.

## Was war der lustigste Satz, den ihr als Mama mal gesagt habt?

»Jakob, renn deiner Schwester nicht mit der Kettensäge hinterher.«

»Nicht streiten, wir haben genug Schwerter für jeden.«

»Iss nicht zu viel von dem Apfel, wir wollen nachher noch zu McDonald's!«

»Du musst auch Pommes essen, nicht nur Mayo!«

»Morgen schlaf ich endlich mal aus!«

»Hör bitte auf, in meiner Nase zu popeln.«

»Bitte nicht am Türgriff lecken!«

»Wenn du nicht gleich aufhörst zu nerven, tauche ich bei deinem ersten Date in grellpinken Leggins auf.«

»Hände hoch, Ärmel waschen!«

»Wir trinken nicht aus der Spülmaschine!«

»Ich habe zwei von euch gemacht, damit ihr miteinander spielt und ich meine Ruhe habe.«

»Pack am Tisch bitte den Penis ein!«

»Nimm die Gabel aus dem Ohr und die Zähne aus der Butter.«

»Nein, keine Haare in den Mixer stecken!«

»Bevor es keine Beikost gibt, darfst du auch keinen Sand essen!«

»Die Spinne wird nicht gegessen!«

»Schatz, zieh dir bitte deine Jacke an, mir ist kalt.«

»Leg dich nicht mit Mutti an, ich kann rektal Fieber messen!«

»Sieh mich nicht in diesem Ton an!«

»Doch nicht hochbegabt …«

»Popel sind keine Mahlzeit.«

»Verdammt, wieso bist du denn wie ich?«

»Wenn du noch höher sprichst, können dich nur mehr Hunde hören!«

»Das Wasser bleibt außerhalb der Gummistiefel.«

»Renn!! Aber langsam!«

»Nach dieser Phase wird es einfacher.«

»Ab ins Bett, die Mama ist müde!«

# SCHLUSSWORT

Hach, das hat gutgetan, oder? Das gemeinsame Über-alltägliche-Mutti-Situationen-Lachen, das Zusammen-Reflektieren-und-Feststellen, dass wir tatsächlich nicht allein sind mit dem ganzen Struggle, mit dem Jonglieren der To-dos und dem doch wirklich recht regelmäßigen Scheitern beim »Die-perfekte-Mama-sein-Wollen«. Wobei … eigentlich ist der letzte Satz doppelt falsch. Zum einen ist Scheitern ein viel zu negatives Wort – wir scheitern nicht, wir haben nur viel zu oft viel zu hohe Ansprüche an uns selbst (woher auch immer), die wir gar nicht erfüllen KÖNNEN, selbst wenn wir es von Herzen wollen und wirklich alles daransetzen, was wir an Power zu bieten haben. UND: Die perfekte Mama wollen wir ehrlicherweise doch schon superlang nicht mehr sein. Längst wissen wir, dass es dieses Perfekt überhaupt nicht gibt, dass wir NUR unser Bestes geben können und dass das mehr als genug ist, um DIE Mama für unsere Kinder zu sein, die sie brauchen. Jetzt müssen wir nur noch einen kleinen Schritt weitergehen und es normalisieren, dass wir hin und wieder komplette Tage schlicht gänzlich verkacken, manchmal pädagogisch so tief ins Klo greifen, dass wir fast bis zur Schulter drinhängen, und an einigen Abenden erst einschlafen können, nachdem wir uns in einem markerschütternden Heulkrampf alles von der Seele geweint haben, das uns gerade an der Elternschaft überlastet. Weil Mental »Overload« definitiv ein großes Thema in der Mutterschaft ist, welches aber immer noch nicht ernst genug genommen wird. Von der Gesellschaft, von Partnern und Partnerinnen, von uns selbst. Und da geht's mir einfach mal genauso wie dir … wahrscheinlich.

Ich bin es gewöhnt, zu denken, dass ich alles (nicht ganz allein, aber doch überwiegend) schaffen muss und auch kann. Ich habe total verinnerlicht, dass Mütter nun mal die Organisationsfäden der Familie in der Hand halten. Ja, ich delegiere auch, aber der Mental Load ist tatsächlich hauptsächlich bei mir. Und ich weiß von unzähligen Familien, dass es bei ihnen genauso ist. Dass das meiste der Care-Arbeit und des Haushaltes bei den Müttern liegt, selbst wenn sie zusätzlich erwerbstätig sind. Also falls auch du in einer Familie lebst, in der die durchaus erstrebenswerte absolute Gleichstellung der Elternteile – mit echter 50 %-50 %-Verteilung aller Aufgaben – noch nicht Realität ist, kann ich dir sagen: Du bist nicht allein.

Wirklich: Ich freue mich immer, wenn ich von Müttern oder Vätern zurechtgewiesen werde, dass wir heutzutage aber doch bitte anders leben sollten und diese »Mama trägt die Hauptbelastung auf ihren Schultern«-Nummer krass veraltet ist, weil ich dann weiß, dass sich durchaus was tut! Dass es in einigen Familien wirklich schon so läuft, wie es laufen sollte. Dass alle Parteien gleichermaßen Care-Arbeit und Haushalt machen und der Mental Load fair aufgeteilt wird. Allerdings bin ich sicher, dass es in den meisten Familien noch anders aussieht. Und dabei möchte ich jetzt nicht mal irgendeine Schuldzuweisung hinterherschieben. Es ist einfach so, dass wir, die heute Eltern von noch recht kleinen Kindern sind, gleichzeitig alte Normen abschütteln und neue aufbauen müssen. Das bedarf Geduld und Zeit. Ist einfach so. Dazu kommt, dass Familien nun mal nicht alle gleich aufgestellt und Gehälter unterschiedlich hoch sind, dass Alleinerziehende andere Hürden zu nehmen haben als Haushalte mit zwei Elternteilen und dass alles schwieriger zu managen ist, wenn man keine Unterstützung von außen bekommt, zum Beispiel durch Großeltern oder Babysitter, die ja bezahlt werden müssen, was sich nicht jeder leisten kann.

Kurz: Es wäre megacool, wenn wir einfach mit einem Fingerschnippen alles ändern und Mütter ganz plötzlich hart entlasten könnten. So einfach ist es aber nicht. Wir können nur gemeinsam daran arbeiten, es besser zu machen. Und ein superwichtiger Part dabei ist, dass wir ehrlicher werden … wir Mamis. Dass wir ehrlicher aussprechen, wenn uns was auf den Keks geht, unsere Akkus leer saugt und unsere Herzen schwer macht. Wir müssen lauter werden in Sachen Überbelastung und Sätze der Kategorie »Du hast es dir aber doch so ausgesucht, jetzt jammer nicht!« genauso vehement wegwischen wie jene von vermeintlichen Übermüttern, die uns implizieren, dass bei **IHNEN** immer alles wie am Schnürchen läuft, sie **NIEMALS** an ihre Grenzen stoßen und ihr kleiner Karl-Otto »blöde Phasen« gar nicht kennt. Denn wenn wir das schaffen, wenn wir Mütter endlich näher zusammenrücken, uns nicht mehr so schnell gegenseitig verurteilen und stattdessen gemeinsam über die Stolpersteine im Alltag einer Mama lachen, dann werden wir am Ende insgesamt viel stärker sein und zusammen richtig was verändern können. Wir werden uns nicht mehr so oft verloren und mutterseelenallein fühlen … wir werden mutterseelengemeinsam sein. ♡

Fühl dich von Herzen gedrückt,

*deine Anke*

# DANKSAGUNG

Folgendes wird nicht krass überraschend, aber ich freu mich trotzdem, wenn du es noch liest, denn ich möchte, dass du von den Menschen weißt, die bei diesem Buch hinter und neben mir standen.

Wie zum Beispiel mein Mann, der oftmals mehr an mich glaubt als ich selbst, was schon fast nervig ist. Und meine Kinder, die mir zumindest manchmal explizit »Freizeit« zum Schreiben gegeben und dafür darauf verzichtet haben, mir einen Knopf an die Backe zu quasseln. Ich möchte auch meiner Mama danken, die so geduldig auf die ersten Kapitel wartete, die ich vorab schicken wollte, was ich im Alltagsstress aber immer wieder vergessen habe. Oh, und meiner Schwester, die immer ein offenes Ohr für mich hat. Wirklich immer, zu jeder Tages- und Nachtzeit. Was würde ich nur ohne sie tun? Und auch meinem Vater möchte ich Danke sagen, von dem ich die Legasthenie, aber auch die Einstellung geerbt habe, dass es für alles Lösungen gibt, die man eben nur finden muss.

Ich danke außerdem von Herzen meinen (Mutti-)Freundinnen, die sich so sehr und ehrlich für mich freuen, weil sie wissen, wie gern ich dieses Buch hier schreiben wollte, und die mich deshalb zeitweise anfeuerten, als würde ich bei einem Sportevent antreten.

Ein ganz besonderer Dank geht raus an meine fantastische LÄCHELN UND WINKEN-Community, die mich in dieser völlig überfüllten Social-Media-Welt gefunden und zu einem Teil ihrer Wohlfühl-Bubble gemacht hat. Leute, es ist mir eine Ehre, online irgendwie zu eurem Leben gehören zu dürfen! Wirklich!

Hach, ich bin wirklich so, so dankbar ... für alles ganz allgemein und für diese völlig irre Chance, dieses Buch zu schreiben. Etwas, das erst möglich wurde, weil mich eine, nein, MEINE zauberhafte Lektorin in den Weiten des Internets gefunden und dann davon überzeugt hat, dass das hier voll die gute Idee ist! Sie hat mich monatelang am Händchen gehalten, geleitet und bestärkt! Ich danke dir dafür!

Und das letzte, aber keineswegs weniger gewichtige Dankeschön geht natürlich an meinen Verlag und an alle, die dort arbeiten! Ihr rockt! Mega!

Danke euch allen! Von Herzen!